Seadove

Seadove

Seadove

Seadove

Gold Edition

巴菲特給青年的9個忠告

Warren Buffett

郭硯靈/著

前言——告訴你一個真實的巴菲特

巴菲特是誰？任何想賺錢的人都不能不認識他！他……

十一歲投身股海；

二十七歲個人資產達五十萬美元；

三十四歲個人資產達四百萬美元，掌管的資金高達二千二百萬美元；

三十八歲個人資產達二千五百萬美元，掌管的資金也上升至一億零四百萬美元；

四十二歲投資報刊業，十年之後，投入的一千萬美元升值到兩億美元；

五十歲買進可口可樂七％的股份，五年後，其股價已漲至五十一．五美元，漲了五倍；

六十二歲買下通用動力公司的股票，到年底三萬二千二百萬美元的股票已值四億九千一百萬美元；

七十四歲賭弱勢美元，淨賺了七十三億美元；

七十五歲在中國市場上搏殺，五月份購入八百七十萬份中國人壽存托憑證（ＡＤＲ）後，近日傳言再度吸納一千萬份ADR，中國人壽一路高揚。

傳奇還在繼續上演……

他就是巴菲特，被譽為「股神」的投資大師！

他曾被《財富》雜誌評選為全球最有影響力的商業人士！

每年世界各地約有一萬五千名的股東，如朝聖般地湧向他長期居住的奧馬哈市！

他培育了數以萬計的百萬富翁、千萬富翁和億萬富翁，僅在奧馬哈市就誕生了二百名億萬富翁！

巴菲特在股市這個大舞臺上向人們展示了投資的魅力所在，他幾近完美地詮釋了投資既是一門科學更是一門藝術，告訴投資者們投資股票並不需要很高的智商，它需要一種正確的態度和忍耐的氣質，需要與眾不同的勇氣和沈著冷靜的心境，需要敏銳的嗅覺和敏捷的腳步……總之，巴菲特旨在告訴投資者聰明地投資並非望塵莫及，這既不需要高深的理論，也不需要超人的智商，這裏僅僅需要一些技巧和耐性，這些相信你也會做得到。

近朱者赤，近墨者黑。

要想成為投資富翁，就追隨巴菲特吧！

巴菲特的投資理念，被人們譽為股市上的金科玉律、投資者們手中的《投資聖經》，是屢戰屢勝的投資法寶！《巴菲特給青年的九個忠告》將巴菲特的投資理念盡收眼底，細讀中宛如聆聽巴菲特本人的諄諄教導，投資的一招一式盡數無疑！

巴菲特的忠告簡單、明瞭，是經過實踐和時間檢驗的顛撲不破的真理，易學易用，只要你用心，你就會成為巴菲特造就的下一個百萬富翁！

記住《巴菲特給青年的九個忠告》，並熟練地運用之，將會讓你受益無窮，在股海戰無不勝！

目錄

擁有現金的你總是這樣想：「X股現在應該已經跌到谷底了吧？今天買進後天賣出就可以大賺了吧？」投機者都是賺錢的急性子，恨不得手裏的錢馬上翻個幾倍。然而投資大師巴菲特卻不這樣想，他總是把自己當做企業的投資人，管理自己的股票就像是照顧自己的企業，遇到好的企業無論股價如何都捨不得拋。這就是他的投資態度。

股市裏大家都希望自己賺到錢，所以爭先恐後的追漲殺跌，搞得股市不得安寧，然而我們需要的是一個穩定的投資市場，我們沒有權力詆毀那些賺到鈔票的投機者，然而我們要約束自己不要去做那樣的投機者，因為我們要賺大錢，所以有義務維護一個穩定的投資市場，這才是具有雄才偉略的投資者的成功之道。

投機行為在股市裏是一種相當普遍的行為，也可以說是一種基礎性行為。就像我

第四節　實戰剖析……57

巴菲特說過一句名言：我們也會有恐懼和貪婪，只不過在別人貪婪的時候我們恐懼，在別人恐懼的時候我們貪婪。

忠告三　信自己，贏天下

第一節　駕輕就熟是良策……64

簡單的事情反反覆覆地做，就能達到駕輕就熟的最佳境地，成為某一招數的高手，甚至成為某一招數的完美化身。

第二節　智者孤獨……69

幾乎所有成功的投資者都是孤獨者。他們註定是孤獨者，因為他們特立獨行，通常要做和大眾不同的事。巴菲特就是一個堅持自己的投資理念的孤獨者。

第三節　生意不熟不做……74

駕輕就熟的另一層含義就是投資自己熟悉的領域，而不要進入自己不熟悉的領域。巴菲特對自己不熟悉的領域從來不感興趣。

第四節　實戰剖析……78

巴菲特經過多年的投資經驗，已經形成了自己獨特的投資方式，我們可稱之為巴菲特式投資三步曲，即相馬、等待、出擊。巴菲特首先對自己感興趣的公司進行伯樂式的比較，一旦看中一家公司就會長期跟蹤，等待合適的價格，最後一步就是時機來臨時一舉收入囊中。

忠告四　把雞蛋放在一個籃子裏？

第一節　把雞蛋放在一個籃子裏？……84

「少就是多」。對一個普通投資者來說，巴菲特認為只要有三五家公司的股票就足夠了。他的理由同樣是基於一個常識：買的股票越多，你就越有可能購入了一些你對之一無所知的企業。

第二節　找出傑出的公司……88

既然要集中投資就需要十分謹慎的選擇股票，這就是為什麼集中投資比分散投資更有效率的一個原因，分散投資會致使你不自覺的放鬆警惕，讓你不會全身心地投入於其中，因為你總會覺得不用費心，只要廣撒網就會撈到大魚，而這僅是從機率的角度來講的。

第三節　分散投資的悖論……92

把雞蛋放在一個籃子裏，我想無論怎麼解釋，股票投資人也不會欣然接受。況且分散投資理論在教科書中十分盛行，幾乎無人不知無人不曉，然而此處，我卻讓大家進行集中投資，肯定會有口難辯。

第四節　風險的控制……94

把雞蛋放在一個籃子裏，就需要特別小心的看護！如果你的投資相對集中的話，你將有充裕的時間來管理你的股票，然而如果你的選擇遵循了上面的一些投資忠告，那麼，對股票的管理將十分的簡單。

第五節　實戰剖析……96

巴老的投資組合頗為簡單，但無不顯示了他穩健的投資風格。當你看了下面的列表是讓你不以為然，還是為之叫好？是讓你默然視之，還是怦然心動？我想，只會是後者，因為巴老進軍的行業無不是我們夢寐以求、嚮往已久，甚至一直以來都是我們憧憬加盟、期待參與的好股。

忠告五　以不變應萬變

第一節　守株待兔……104

股票投資人總是覺得股市的風雲突變、漲跌無常是常人難以把握，所以，應該時刻做好準備，或停損保本，或尋找契機，總之只要跟著市場的腳步走就行，守株待兔的做法古人都嗤之以鼻，又怎能效仿？孰不知，兵無定法，股市上守株待兔的做法已經被巴老詮釋得酣暢淋漓，他不止一次地告誡投資者：「成功的投資有時需要有所不為。」

第二節　要有耐心……107

投資人除了應該具備準確的分析力，以找準將會長紅的股票之外，還需要培養忍耐的功夫。堅強的自信心，堅定的意志力，堅持不懈的努力，都表現為忍耐的功夫。如果不能穩坐中軍帳，可能就會前功盡棄，煮熟的鴨子在眼前飛走，後悔都來不及。

第三節　以不變應萬變……112

股市中的股票有上千家，隨時漲跌，變化叵測。投資者若想在其中獲得收益，若想依靠以變應變，以動制動，必會事倍功半，因為你一旦動起來，其中的不確定因素就會更多，機會就更難以把握，喪失的東西則更多，最終結果是大多數都會敗下陣來。

第四節　穩坐中軍帳……115

大多數股票投資人如果手裏持有現金，那麼他就會迫不及待地買進股票，總覺得持有現金是浪費資源，恨不得馬上全部換成能生錢的股票。但是，值得我們關注的是，巴菲特在給股票投資人的信中提到，伯克希爾公司在整個二〇〇四年裏，沒有花出去四百三十億美元現金中的一分錢。換言之，這一年裏巴菲特沒有看到任何擁有高內在價值公司的股票降到了足以買進的價位。

第五節　實戰剖析……117

「就算有特殊的內幕消息告訴我未來兩年的貨幣政策，我也不會改變我的任何一個作為。」股神巴菲特這樣說。巴菲特高瞻遠矚，看的不只是近期的股市，甚至不只是兩年內的股市，這就是投資大師的過人之處。

忠告六　不當負翁做富翁

第一節　空手套白狼？……124

空手套白狼的商業創業模式並不少見，據報導披露其中的「成功者」也不乏其人，所謂的「成功人士」大都被人們稱為學習的榜樣，很多股票投資人也總想自己能赤手空拳、以小博大施展一回拳腳。

第二節　安全第一，注意保本……129

股市投資，資金安全是第一位的，如果資金的安全性出了問題，那就意味著投資的徹底失敗。「先求保本後講賺錢」是股市中的一句格言，無論在什麼情況下，保本都是要最先考慮的，只有維持資金的保值，才能夠實現增值。

第三節　量體裁衣，遊刃有餘……137

巴菲特告誡投資者：「要永遠持有一部分現金，不要將錢全部投入股市。」一旦把錢投入股市中，這些錢的流動性就受到了限制，就不能隨便的取出作為他用，

除非你不計虧損的成本。

要做到遊刃有餘，周詳的資金運用計畫是不可或缺的，這是做到心中有數的必備條件。

古語有云：「留得青山在，不怕沒柴燒」，這句話用在股市上特別貼切，只要自己手裏有資金，就不愁賺不到錢。所以保本很重要，任何時候都要留下一筆資金也很重要，總之，手裏要有能夠生錢的本錢。

我覺得十分有必要利用單獨一節來強調負債的問題。還是巴菲特的那句話：「……負債總是有害的，只有持有現金才是最安全的。」

忠告七　價值投資才是金

巴菲特曾經說過，股市投資要學習的最重要的一門課是：如何評估一家公司，以及如何考慮市場價格。能否在眾多公司中找出傑出的幾個公司，是決定投資能否成功的關鍵。

巴菲特始終熱衷於消費壟斷企業，他投資的公司涉及煤炭、電力、餐飲、媒體等行業，這些公司給他帶來了穩定的利潤，可見對行業的選擇同樣十分重要。

巴菲特一直遵循價值投資的理念，他不止一次的告誡投資者：「尋找引人矚目的公司而不是股票！」公司的價值決定了股票的價格，因此，價值投資才是金。

第四節　不要出售傑出的企業……173

巴菲特的價值投資之所以會獲得成功，除了對公司內在價值的估計以外，另外一個條件就是時間。只有企業的價值在未來出現了增值，你的利潤空間才能不斷地加大。

忠告八　靜如處子，動若脫兔

第一節　靜如處子……178

「冰凍三尺，非一日之寒」，股市投資多半需要長期的功夫，巴菲特成為富翁也並非一朝一夕的事情，只要不去奢求一夜暴富，就會「沉舟側畔千帆過，病木前頭萬樹春。」

第二節　海底撈月顯神功……186

巴菲特的收購三步曲中，海底撈月可謂決定巴老賺錢的關鍵一環，相中目標企業後，決定是否買入的重點就轉向了公司的股價是否足夠低廉，即公司的股票價格是否已經低於其內在價值，只有其市場價格低估了企業的價值時，巴菲特才會投資買入，接下來就靜等回升。

第三節　該出手時就出手……194

巴菲特在選股時十分謹慎，總是千挑萬選，還要等待買入的時機，所以一旦購入了目標企業就會長期地持有，而不會輕易地拋棄手中的股票。

第四節　動若脫兔……200

忠告一

態度決定一切

不要認為自己擁有的股票只是一張價格每天都在變動的憑證，而且一旦某種經濟事件或政治事件使你緊張不安就會成為你拋售的對象。相反的，我希望你將自己想像成為公司的所有者之一，對這家企業你願意無限期的投資，就像你與家庭中的其他成員合夥擁有的一個農場或一套公寓。

——巴菲特

股市上的朋友肯定都想自己的投入明天就得到回報，恨不得自己的錢馬上翻個幾倍，一旦買入某種股票，就整天盯著走勢圖，「是否又漲了？」

當然，這樣的心情可以理解，但要想真正的在股市上賺錢，這種投機的心理是不行的。巴菲特直言：「擁有一支股票，期待它下個早晨就上漲是十分愚蠢的。」

一個經常在股市上搞投機的朋友向我講述了他的投機之路，初入股市時，從交易廳回來就打開電腦，一直盯著自己的股價，一旦有上揚的趨勢就高興的手舞足蹈，然而一旦下跌了，眉頭馬上就皺起來了，心砰砰的亂跳，這哪裡是投資啊？可以說跟賭博沒有任何區別，幸虧他命好，一連幾次交易都大賺一筆。後來專心研究投機之術，每每遵循低入高出的戰略，並總結出以下經驗：

一跟。對一個散戶而言，跟風是最快最好的賺錢手法，因為根據散戶的實力，根本不可能以自己的力量創造出高點，要賺錢只能緊跟法人機構，當然反應就要敏捷。

二快。跟風並不是盲目的隨從，而要講究藝術，即「快」！不要人家都賺得盆滿缽滿了你才上，要跟緊腳步，及時進場。

三奸。股市中存在著眾多的博弈關係。在一段行情中，可以說一方所得就是另一方所失。一般在一次大的上升行情中，空頭陷阱會頻繁出現，要想獲取收益，坐上那頂沒底的轎子，就要和法人機構鬥奸鬥智。要在思維上搶先一步。

四貪。許多做短線的股票投資人，都信奉見好就收，賺一點是一點。這可以說是投機中的通病，說穿了，還是對自己的眼光沒有信心，害怕失敗。殊不知，就是這種想法，一段很長的甘蔗，只能吃到一段。本來可以賺十萬的，由於過分小心，結果只賺了一兩萬。所以應該堅定持股信心，挑好一個股票，看準一次機會，就要賺得缽滿盆滿。

五割。市上沒有只漲不跌的股票，也就是說沒有不摔跟頭的人。既然是冒著風險在賺利潤，那麼被套也是投機中不可避免的過程。面對這種局面，最好的降低損失程度的辦法就是在停損點忍痛拋售。有些股票投資人總是捨不得狠下心來，一旦被套就總想到低位補倉，結果短線做成中線，中線變成長線，徒增機會成本。不過這裏倒不是否定了補倉的作用，如果確信拿住的是匹黑馬，補倉也未嘗不可。

這就是我的朋友的一套完整的投機理論，我朋友就是靠著自己的一套「聖經」賺得盆滿缽滿。

然而好景不長，朋友的春夢就泡湯了。一次，高揚的股市突然風向驟轉，等不及我的朋友做出反應，投進去的錢就「灰飛煙滅」不見了蹤影，這一次失足可以說是投機的必然結果，也僅僅一次就讓我的朋友來了個鍋底朝天，賠個精光，至此之後，再也沒有已經負債累累的他的消息了。

與我的朋友相反，巴菲特的成功之道則是把自己當作企業的所有者，即投資企業，而不是像眾多股市投機者那樣整體把目光盯在股價大螢幕上，如果你想成為巴菲特那樣的股神就請立即端正態度，用企業家的眼光來投資，而不是像賭錢者那樣投機。

巴菲特投資股市的絕技雖然有些是技術性的，但是大部分都是在闡明這樣一種正確的投資態度。

巴菲特的「投資不投機」是出了名的，他購買一種股票絕不在意來年就能賺多少錢，而是在意它是不是有投資價值，更看中未來五至十年能賺多少錢。他常掛在嘴邊的一句口頭禪就是：擁有一支股票，期待它下個早晨就上漲是十分愚蠢的。

結論：長線是金。

第一節 投資而非投機

擁有現金的你總是這樣想：「X股現在應該已經跌到谷底了吧？今天買進後天賣出就可以大賺了吧？」投機者都是賺錢的急性子，恨不得手裏的錢馬上翻個幾倍。然而投資大師巴菲特卻不這樣想，他總是把自己當做企業的投資人，管理自己的股票就像是照顧自己的企業，遇到好的企業無論股價如何都捨不得拋。這就是他的投資態度。

投資與投機是漂流在股海裏的朋友們經常談論的話題，雖然大家都不願戴上投機的帽子，但僅從技術角度來講，投資與投機並無二異，甚至有人乾脆這樣解釋：「投資是一種成功的投機，而投機是一次不成功的投資。」至於其中的好壞，我們暫不作評述。關於投資與投機我們可以做如下的定義：投機者是一個不注重內在價值，只力圖從市場的投機買賣活動中尋求利潤的人；而謹慎的投資者則注重股票的內在價值，只在價格受到其價值的有力支持時才買進，並在市場進入了一個持續增長的投機階段時堅決減少自己手中的股票。

短線投機客考慮的往往不是企業是否有價值，他們更關心的是能否以更高的價格賣出。打一個或許並不是太恰當但能夠具有說服力的比喻：投資者尋找的是婚姻，而投機者渴望的是一夜情。成功的婚姻是晚年生活樂趣的保障基礎，一夜情除了帶來短時間的刺激，幾乎不能對未來帶來什麼——如果硬要說有的話，多數是麻煩。

關於投資與投機的區別，我們可以先看看下面的故事：

甲乙兩個和尚，在山腰的少林裏拜師學藝，老和尚吩咐他們先練習挑水兩年，每日日落之前寺廟的十幾口大缸必須注滿水才行。

甲和尚一心向佛，心眼耿直，就照師父的話一五一十的去做。從山下的小溪裏到山腰的寺廟三里有餘，十幾口大缸挑滿的話，一天要挑一百擔。山勢陡峭，山路曲折，累得兩和尚腰酸背痛，兩腿發直，腳底起泡。沒過幾天，兩人就爬不起來了。然而老和尚的命令又不能違抗，怎麼辦？甲和尚雖苦不堪言，但覺得師父說的有理，只有練好基本功才能學成，於是，每日紅日初升他就出門下山了，一直挑到月朗星稀。

同門的乙和尚聰明好動，鬼點子多，看著甲和尚拼死拼活的樣子就覺得好笑，自己挑了幾擔就想另尋其他的方法，後來他發現山頂有股清泉，於是偷偷將水順山勢引到寺廟旁，從此，他無需整日的受苦，除了偷鳥打獵就是遊山玩水，缸裏的水照樣天天滿滿的，而且甘甜爽口。

讀者閱讀至此可能覺得還是乙和尚聰明，不像甲和尚那樣笨頭笨腦，此乙和尚乃學習的榜樣。然而不幸的是，是年山上洪水大發，沖了寺廟，眾和尚棄廟而逃，因為每日挑水上山，甲和尚早已練就了健步如飛的本領，翻山越水不在話下，很快就飛奔逃命而去，然而乙和尚卻由於偷懶，不但不適應曲折打滑的山路，自身體態肥胖，哪裡趕得上洪水？就這樣乙和尚自食後果，白白的淹死了。

甲和尚投資受益，乙和尚投機送命，其投資與投機孰優孰劣不言而明。

巴菲特一方面堅持認為投機行為是證券市場中的合理現象，另一方面告誡投機者必須更仔細地研究和檢查投資行為，還要先做好損失的準備，否則你的投機行為是十分危險的。我們不反對在面臨市場機會時的投機行為，但在股市裏的長久之計非投資莫數。

巴菲特的投資理念提倡的是一種正確的投資態度，並非講技術層面的技巧，他認為投資優於投機的關鍵在於，投機者戰戰兢兢，做「賊」心虛，因為他有「盜竊」的心理，而投資者從從容容，穩健「經營」，有「功勞」之感，投機與投資態度的差異對投資人的心理的影響是深藏不露的，但同時卻是深刻的。

如果你在市場上投機，你看重的是企業的內部消息，別人的投資行為，以及影響股市走向的政策因素或是其他的難以琢磨的因素，這就讓你遠離了股票的本質，這些不確定的無法度量的變數增加的投資的風險性，同時影響了你的內心的穩定性。而投資者，自然以企業的長遠發展為重，注重分析股票背後的企業的運營情況，深諳影響股票的本質因素，自然能看透市場行情，最終贏得投資。

如果你想像乙和尚那樣貪顧眼前甜頭，最好提前打起背包下山，否則，後果難料。

要真正在股市裏長久馳騁就要學習甲和尚的一本正經，苦練基本功，打消投機的念頭，專營投資。

第二節　找對位置掘口井

股市裏大家都希望自己賺到錢，所以爭先恐後的追漲殺跌，搞得股市不得安寧，然而我們需要的是一個穩定的投資市場，我們沒有權力詆毀那些賺到鈔票的投機者，然而我們要約束自己不要去做那樣的投機者，因為我們要賺大錢，所以有義務維護一個穩定的投資市場，這才是具有雄才偉略的投資者的成功之道。

投機者在股市裏就像沒頭的蒼蠅，到處亂闖，希望能發現一個有縫的蛋，然而股市中的股票投資人眾多，既有散戶也有法人機構，吾等小卒怎麼能與那些大戶同場競技呢？有縫的蛋輪到我們去吃時估計蛋皮都不見了。我們何苦東闖西闖的轉個不停呢？到頭來撞得頭破血流也難說。

巴菲特的建議是：「找對一兩支具有前景的股票，然後靜靜地等待」。

我們不妨先看看下面的故事：

話說甲和尚逃命後沒了去處，只能沿路化緣來到一個小山村裏。因為一路的艱辛讓甲和尚一心想安個家，不再過顛沛流離的生活，於是甲和尚續髮還俗，留在了村子裏。由於該村深藏大山，與外界幾乎沒有聯繫，終年以採摘野果和捕食溪魚為生，村民的飲水是從各個山溝的水窪裏挑來的。山上野果並不富裕，溪裏的魚也是越抓越少，遇到風不調雨不順的年頭就只能吃了上頓沒下頓，水窪的水總是這次有下次乾的，人們總期待能碰上一個夠大家喝水的山泉。

甲和尚總覺得這樣下去不是辦法，想起從前自己的同門師兄乙和尚聰明好動，雖最後慘遭不測，但總算是有心計之人。於是決定為村民們另謀出路。思前想後，甲和尚（已還俗）認為終日上山採野果不如自己種些果樹，終日捕魚不如自己養個魚塘，整天挑水不如在附近掘口井，這樣就可解決村民的吃飯飲水問題了，再不用辛苦勞作，於是，說幹就幹，他帶領村民翻山墾地，新建魚塘，並就近掘井，沒幾年功夫，附近的山上水果飄香，幾個魚塘蝦魚成群，井水也天天冒著清爽的氣泡，從此他們便過上了幸福的生活。

股票投資人中像村民開始那樣勤勤懇懇、不畏勞累天天「挑水」的人不少，但為什麼大多數人不僅滴水未得，反而虧損慘重呢？就因為不肯放棄投機的念頭，東買一點西買一點，頻繁地追漲殺跌，結果往往是竹籃打水一場空。反倒不如學學甲和尚在適當的位置為自己為村民挖一口井，載一片果樹，養一魚塘，既能穩穩當當地得到飲水和食物，又能省力省時，還能提高生活的效率。很多賺了錢的股票投資人一年並未花費太多時間在股市，只是選好幾支股票，做好一、二次波段便足夠了。

當然如同掘井要講究看地勢、把泉脈，投資股票也要觀大勢，把龍頭。同時，股市這口「井」由於投機與泡沫的緣故，必然會跌宕起伏，時而是豐水期，時而是枯水期。

能夠成功「取水」的股票投資人，關鍵就在於能夠找對位置，並把握住地下水的規律，分清「豐水期」，規避「枯水期」。

能夠成功「取水」的股票投資人，關鍵就在於能夠找對位置，並把握住地下水的規律，分清「豐水期」，規避「枯水期」。

第三節　投機者的邏輯

投機行為在股市裏是一種相當普遍的行為，也可以說是一種基礎性行為。就像我的那位朋友一樣，投機者都有自己的一套邏輯，急切賺錢的心理控制著他們的大腦，控制著他們手中的鈔票。我們知道，任何行為總伴有一定的心理活動（無意識也是一種心理狀態），或以某種心理過程為其前導，股市投機行為當然也不例外。

還是看看甲乙兩和尚的對話吧：

乙和尚下了地府以後總覺得自己命不該絕，無論怎麼說，自己為整個寺廟做出了巨大的貢獻，而且甲和尚的幸福生活也得益於自己的教化，如果不是自己為他做出榜樣，就憑甲和尚那笨腦袋能想出那些高招嗎？為什麼我引山泉就該命歸黃泉，而甲和尚挖井載樹就能享清福？越想他越生氣，越覺得上天對不起他，偏袒甲和尚。於是他決定找甲和尚談談。

一月明風清的夜晚，甲和尚鼾聲正起，乙和尚就氣沖沖地闖進來。見甲和尚正做美夢，一肚子氣就火冒了起來，上前揪起他就是一陣子痛打，甲和尚剛開始還是一頭霧水，後來明白了乙和尚的來歷，甲和尚先是與師兄寒暄一陣，接著說道：「師兄先消消氣，且聽我細細說來，雖然你我都是走了捷徑，但事情的本質是有區別的。在寺廟學藝時我們的目的是練功而不是過舒適的生活，所以你走那種捷徑是適得其反的，但現在情況不同了，我已經續髮還俗，要過普通人的生活，因此需要衣食住行，我所做的都是人間常情，你是不會理解的。」

乙和尚聽了甲和尚的解釋，自己變得滿頭霧水，怎麼都不能明白，「莫非自己做了陰間的小鬼就不能明白世間的常情？」乙和尚無奈的回他的地府去了，但心中的疙瘩總也解不開。

投機者就像乙和尚那樣總會覺得自己做的不會錯，任憑你怎麼解釋他都不明白，自己在股市裏投入資金，不違法不犯人，這樣賺錢怎麼就不對呢？

回到股市，我們研究投機者對股市的影響。首先我們知道股市有四大功能：投機、融資、投資、資源配置，可以說只有後兩項才是故事的基礎性功能。判斷一個股市是否正常，就看它是否能發揮後兩項功能。投機者眾多的股市會異常活躍，但這同時導致了股市的不可預測性和不穩定性，甚至有時候有大量資金支持的投機者會在一定程度上控制股市，把股市變成自己的提款機，股市的扭曲就使其

失去了原有的功能，

投資不再得到回報，甚至是血本無歸，股市也難以再承擔配置資源的功能。抱有投機動機的股票投資人所追求的僅僅是差價，即低入高出，即便是一瓶礦泉水，如果今天一百元買進，明天可以一百二十元賣出，他們也會購買，而從不去考慮一瓶水的真正價值是多少。換言之，對投機者來說，只要股價在下跌，就不買（甚至賣出），而不管股價實際上已低於其價值；反過來，只要股價在上漲，就買進，而不管股價實際上已高於其價值。這種行為就是所謂「追漲殺跌」。而抱有投資動機的股票投資人則期待購入價值高、價格低的股票並長期持有，以分享企業的盈利。

這就是投機者帶給股市的麻煩，但股市又不能拒絕投機，因為投機使股市活躍，正好反應供求的變化，如何解釋這一悖論？

巴菲特的做法是不去理會這些，我們的目的是投資好的股票，賺得利潤，無需去分析這些令人難以琢磨的理論。只要利用投資者的眼光去分析股市，我們就會剔除投機的因素，抓住市場的本質，進而能從紊亂中殺出一條血路。

投機者的代表索羅斯曾說：「經濟史是一部基於假相和謊言的連續劇，經濟史的演繹從不基於真實的劇本，但它鋪平了累積巨額財富的道路。做法就是認清其假相，投入其中，在假相被公眾認識之前退出遊戲。」這就是投機者的邏輯。

巴菲特卻拒絕投機，認為事物總有其本質特徵，假像和迷霧總會被認清。透過正確的邏輯與本質找到股票的內在長期價值，這是巴菲特的長勝秘訣。

透過正確的邏輯與本質找到股票的內在長期價值，這是巴菲特的長勝秘訣。

第四節 快樂投資是王道

投機者的心態就像賭博，投機不但讓人容易上癮，而且在賠本後想到的不是如何分析失敗的原因，而是如何再碰運氣，把賠的錢想一夜再賺回來。

每當買入一種股票，投機者就開始膽戰心驚，唯恐被套牢，為此整天茶不思飯不想，一門心思盯在股票上，一遇到風吹草動，自己就打起哆嗦來。

投資者則不然，首先投資是一門藝術，靠的是學識和股市上的「修養」，其次，能找到股市中的黑馬，或是發現別人不能發現的潛在股，這是令人十分愉樂的事，同時這鍛煉了自己的眼力，避開了投機者的疲於奔命的追漲殺跌，時間久了，市場在投資者眼裏變得越加簡單，自己有與市場同呼吸、共命運的體悟。這其中的樂趣也只有投資者本人才能享受的到。

我們可以再來看看甲乙兩和尚的回憶：

後來甲乙又在夢境中相遇，乙和尚雖心中仍憤憤不平，卻也無法改變命運。甲和尚依舊滿面春光，心底舒暢，他在享受美好生活的同時還得到了村民的擁戴，名副其實的名利雙收。看著眼前的巨大差距，乙和尚不禁潸然淚下，甲和尚一邊安慰他一邊回想起寺廟裏的生活。

甲和尚：「你又何必如此神傷呢？想當初你不也是過著神仙般的日子嗎？不用辛苦挑水，整日遊山玩水，現在只不過是輪到我清閒了而已，上帝並無偏袒啊！」

乙和尚：「師弟你是有所不知啊……」話剛一出口，他哭得更為傷心了，「當年家中老母送我去少林寺出家，就是盼我能學得一身本領，光宗耀祖，可我不聽師父的話，投機取巧，整日遊手好閒，我心裏能好受嗎？」接著又是一陣抽泣，「再說，」乙和尚調整一下情緒，接著說道：「我整天到處閒逛，你覺得我很舒服，你哪裡知道啊？我心裏多麼害怕萬一師父發現了我就會被逐出佛門，讓我怎麼回去見鄉村的父老啊！」

甲和尚見師兄是如此鬱悶，忙安慰幾句，心中卻暗想，原來你也不輕鬆啊！當初我每日挑水，紅日成了我的伴友，路上的小草為我祝福，鮮花為我歌唱，水中的魚兒和我嬉戲，心情真實大好無比啊！我用心練功，師父對我寵愛有佳，我也為自己的基本功越來越好而感到高興和自豪。

真是印證了前面的那句話：投機者戰戰兢兢，做「賊」心虛，因為他有「盜竊」的心理，而投資者從從容容，穩健「經營」，有「功勞」之感。

股市上拼殺的朋友何不在投資的同時享受一下快樂投資的樂趣呢？

時間久了，市場在投資者眼裏變得越來越加的簡單，自己有與市場同呼吸、共命運的體悟。這其中的樂趣也只有投資者本人才能享受的到。

第五節 實戰剖析

二〇〇五年，七十四歲的巴菲特的金手指指向了炙手可熱的能源行業。雖然已是七十四歲的高齡，昔日的股神仍具有「點石成金」的本領，可以說他是愈老彌堅。

這是他在經歷了一段時間的沉寂之後，向人們展示的又一次大手筆，他以其標誌性的資本運作再次吸引了全球的高度關注。這一次，他的對象是美國西北地方最大的電力供應商太平洋公司。

五月底，伯克希爾公司旗下的中部美洲能源控股公司宣佈，將以九十四億美元的天價從蘇格蘭電力公司手中收購美國西北部最大的電力供應商——太平洋公司。根據協定，中部美洲能源控股公司將支付給蘇格蘭電力公司五十一億美元現金，其餘四十三億美元將轉化為淨負債和優先股。此次收購是巴菲特一九九八年收購通用再保險公司以來，所做的最大一筆交易。在擁有太平洋公司後，中部美洲能源控股公司可將其在美國六個州的一百六十萬客戶擴展到俄勒岡州和猶他州，並能打造一個年銷售額超過一百億美元的能源巨頭。

巴菲特之所以選擇能源產業，自有他的打算。他在聲明中說：「我們一直對能源業充滿興趣，這是一項合適的長期投資。作為美國西部地區領先的電力公司，太平洋公司擁有突出的資產優勢。」

巴菲特選擇太平洋公司是因為其對能源產業可預期現金流的看好，「我們對能源產業一直有著濃厚的興趣，而時下正是一次天賜的良機。」巴菲特稱，對於上述中美能源收購案，他表示長期投資能源領域另人感到興奮。以五十一億美元的價格計算，收購太平洋公司的本益比為二十．三倍；以九十四億美元作價對應一百二十五．二億美元的總資產，則收購的資產折價幅度為三三．二〇%。從本益比的角度來說，收購的價格並不低。但巴菲特看中的是該公司的發展前景及其穩定的現金流。太平洋公司有四〇．六%的售電收入來自於猶他州，這個州經濟發展快速，電力需求年增四%。

另外，近三年來，公司的經營活動現金淨流量分別為六．八億美元、八．三億美元、七．一億美元。從這我們可以看到股神注重的是企業的內在價值和發展前景。事實上，像巴菲特這樣的偏好能源產業的投資者一致認為，該類投資能為其帶來穩定和可預測的回報。

股神的再度出擊一石激起千層浪，許多好事者宣稱：巴菲特的投機回合回來了。當前國際油價一路飆升，能源緊缺必定席捲全球，此時巴菲特沾染能源業，的確有投機炒作的嫌疑。

然而如果深入分析，巴菲特進軍能源業並不是追漲殺跌的投機行為，而是他一貫的投資作風使然，他真正的目的是要抓住能源市場回暖這一契機，打造一個年銷售額超過百億美元的能源巨頭，進而長期獲得穩定的收益。本質上看，這不過是巴菲特美妙投資的最好詮釋。投資和投機這兩個不易分辨但又迥然不同的經濟概念，在巴菲特的投資哲學中得到了完美的詮釋和區分。

首先，巴菲特投資看重的是企業長期內的穩定回報。如果巴菲特在原油期貨市場上一擲千金、幾進幾出獲取巨額利潤的話，那麼這種榨油機式的行為絕對可以說是對能源市場的投機。但事實上卻是巴菲特並沒有試圖利用能源衍生金融產品的價格波動而牟取暴利，而是透過投資、經營基礎產業的形式增加能源市場的供給，以促進能源市場價格穩定的手段謀求長期的、整體行業的成長性獲利。這種目光長遠的投資戰略絕非鼠目寸光的投機把戲。

其次，投資追求的是「雙贏」發展路徑，而投機在利用風險的同時，創造了更多的經濟不確定性。能源市場近一年來的價格波動，用市場眼光來看就是「供不應求」的現象，巴菲特進軍能源行業無異於給「看不見的手」提供了助力，供求在趨於平衡的過程中不僅減輕了能源風險的負面影響，也給巴菲特旗下公司的成長創造了合意的外部環境。而投機勢力擅長的不過是損人利己的方式，在推波助瀾、興風作浪獲得暴利之後抽身而出，只留下身後滿目狼藉的一池碎萍。至少巴菲特從來沒有將自己的快樂建立在市場的崩潰和大多數人的痛苦之上，這一次也不例外。

其實，新近進軍能源業不過是巴菲特哲學的一個最新範本罷了，以「股神」著稱的巴菲特曾將其在股票市場的「生財之道」總結為：「當我投資購買股票的時候，我把自己當作企業分析家，而不是市場分析家、證券分析家或者宏觀經濟學家。」

巴菲特從不名一文到富可敵國，自始至終總是在資本市場上尋找著價值被低估的股票，而他對利用技術分析、內幕消息進行投機總是不屑一顧，這種可以稱之為過於自我的投資理念卻讓他長期獲利。

巴菲特在股市的成功，依仗的是他對「基本面」的透徹分析，而非對「消息面」的巧妙利用。正是因為有巴菲特這樣「老實本分」的投資者，正是因為市場對巴菲特理性投資行為的高額回報，使得美國的資本市場成為世界上最穩定、最成熟、最有活力的金融市場；作為全球經濟「風向球」的美國資本市場，其長期穩定、健康，反過來又對經濟產生了良好的反饋作用，成為美國經濟長期保持強勢的根本保障。

因此，經濟的快速發展需要一個穩定的資本市場，穩定的資本市場認可的是理性的投資行為。世界上各個角落裏發生的金融危機，都從反面證明了一個以投機為主流的資本市場只會有短暫的「虛偽繁榮」，長期的金融動盪將會讓整個國家經濟遭受致命傷害。

巴菲特說過，「只有在潮水退去的時候，你才知道誰一直在裸泳。」

大浪淘沙之後，市場認定的王者是巴菲特，《財富》雜誌就曾將其評為美國最有影響力的人，而巴菲特的簡單哲學告訴我們：投資不是投機，這才是成熟市場的成功之道。

長期投資是價值投資的基本思路，對此巴老曾經說過：「如果一支股票不值得擁有十年就不值得擁有一天，長期投資使我們享受複利的增長。」我期待讀完本書後你能真正瞭解巴菲特所詮釋的最具智慧的投資內涵：當把投資看成是對企業的長期投資時，你對股市的理解會更深入，你的投資將會變得相當的聰明。

相信你也能夠成為像巴菲特一樣的聰明的投資人。

如果一支股票不值得擁有十年就不值得擁有一天，長期投資使我們享受複利的增長。

請永遠記住：

投機者失算，投資者食財，這是股市自己詮釋自己的原則，當你轉變投機的態度時，你就會用投資者的智慧眼光來看待股市，這時，你的投資會變得相當聰明，你時刻勝券在握，而不是像投機者那樣燒香拜佛來乞求上天的恩賜。

忠告二

與市場法則共舞

當市場供不應求的時候，我們就加大供應量；當市場供過於求的時候，我們就儘量退出競爭。當然，我們並不是因為要做穩定劑而遵循這個策略，我們只是相信最有利的企業經營方法。

■巴菲特

相信大家都知道「鬱金香狂熱」的傳說。在十七世紀，鬱金香的一些品種堪稱歐洲甚至世界上最為昂貴的稀世花卉，一度在鮮花交易市場上引發異乎尋常的瘋狂。

相傳，在十六世紀時，一位奧地利駐土耳其使者，不經意間邂逅了顏色豔麗的鬱金香，他心動於它的美麗，就把一些球莖帶回維也納，而奧地利宮廷中一位荷蘭花匠又把它帶到了荷蘭。

美麗的鬱金香，色彩鮮豔，幽雅華貴，荷蘭人見了以後，竟然發了狂，到了如醉如癡的地步。那些權貴豪富專門派人去土耳其，以高價購買鬱金香，舉國上下都掀起了一股「鬱金香熱」，以擁有鬱金香最為高貴，以欣賞鬱金香花最為風雅，以婚嫁時手捧鬱金香花最為時髦。一六三五年，由於珍貴品種的鬱金香球莖供不應求，加上投機炒作，致使其價格飛漲幾十倍。後來一棵花的價格甚至比黃金還貴。一六三五年，鬱金香的投機達到了巔峰，有幾十棵鬱金香的價格，高達一萬英鎊，居然仍供不應求。各大城市的銀行、股票交易所每天掛出各地鬱金香的牌價。奇怪的是，鬱金香價格有漲無跌，使那些歐洲的巨富們也像著了魔似的投入買賣。人們不惜變賣房產，爭先恐後地買下僅有的一些鬱金香。阿姆斯特丹的一條街上，有幢漂亮的房屋，出售的價格是三棵鬱金香。花農培育的每一個新品種。都是一筆巨大的財富。甚至一個花的球莖，它的代價是：四頭肥牛、八隻壯豬、十二隻肥羊、四噸小麥、八噸黑麥、二大桶優質葡萄酒，二大桶啤酒、二桶黃油、一千磅乳酪、一套高級服裝、一張附帶全部床上用品的大床和一只銀製的高腳杯。但是，一六三六年由於供應增加，鬱金香價格便一落千丈。到一六三七年一月，荷蘭鬱金香市場儼然已變成投機者伸展拳腳的、無序的賭池。只幾個月工夫，成千上萬的人破產了。

這就是市場，股市漲跌取決於買賣雙方力量強弱的對比，買方力量強於賣方力量股市就上漲，反之則下跌。**簡言之，某股票供不應求，其價位就上漲；供過於求，其價位就下跌。**千萬不要違背這一市場規律，否則鬱金香之災就會落在你身上。

對整個股市而言，如果大部分股票供不應求，股價指數就會上升；如果大部分股票供過於求，股價指數就會下跌。

影響股市供求關係的因素當然是極其複雜難以把握的，因而就有所謂「股市難以預測理論」或「股價任意走向理論」。

但是從社會群體心理的層面來把握股市供求關係又似乎極其簡單：如果大部分股市投資者和投機者認為股市將上漲，買入股票可以獲利，股票將供不應求，股市就會上漲；如果大部分股票投資人認為股市將下跌，賣出股票可以避免或減少損失，股票將供過於求，股市就會下跌。簡言之，大家認為股市要漲，它就漲；大家認為股市要跌，它就跌。股市是有規律的。

第一節　戰無不勝的法寶

也許你經常這樣抱怨：「我發現我總是在接近於市場的最高點買入，在接近於市場的最低點賣出，為什麼虧本的總是我？」事實上，正是當那些別人買入他亦買入，別人賣出他亦賣出的投機者們總是跟風，又抓不住買入賣出的最佳時機，其行為匯總起來也就形成了波峰與谷底，至少在短期內是如此。這種拙劣的跟風行為的後果是可想而知的。

「物以稀為貴」，這就是市場法則，當市場供大於求時，聰明的決策是暫時退出，而市場供不應求時，正是我們進入的最好時機。在股市上說，就是大家都看好的股票未必是好股，盲目的跟從別人註定是失敗的。從這裏我們應當明白，自己應該做什麼，不應該做什麼，以及什麼時候去做，什麼時候不去做。

市場是有規律的，然而在前面我們所提到的股市的運行就像物理學上的布朗運動，其運動的軌跡是雜亂無章的，那麼我們又如何發現股市的規律呢？

股市有規律嗎？

不論是投資大眾的個人期盼，還是股市理論的研究興趣，發現股市的必然規律，一直是人們的一種或明或暗、或冷靜或熱切的不懈追求。

幾乎我們每個人的心中都有一個難以擺脫的理念：堅信萬事萬物都是有規律的。即使有的規律還沒有被發現，但未來也「必將」會被發現。確實，對許多人來說，假如股市沒有規律，豈不是亂了套，成了一個巨大的賭博事業嗎？

從股市誕生的那一日起，就有人不斷地宣稱能預測股市的走向，相關的書籍亦層出不窮，但遺憾的是人們並未從中得到多少好處。股市依然有如一個簡單的謎：說其簡單，是因為它不是漲就是跌；說它是一個謎，是因為它漲跌無序、出其不意。

股市無常理。股市是難以預測的！任何人、任何技術、任何軟體、任何政府都無法預測、利用這個被無數個複雜因素所干擾、所纏繞、所鑲嵌的股市！

那麼，股市是否就沒有規律可尋呢？就是雜亂無章的？如果真是這樣，為什麼有的人卻總是賺錢，如巴菲特，他失敗的機率極小，而不懂股市的人卻總是賠錢，如果股市真的是雜亂無章、變化無常的，巴老的輸贏也應參半吧？

無常之中亦有常，不管短期內影響股市的因素多麼地複雜，多麼地難以捉摸，長期來看影響股市的因素只有一個——就是它的內在價值！所以，短期內股市的走勢由於受到供求關係的影響，表現為無常；但本著對股市內在價值的分析，長期來看又表現為一種內在的規律性！

股市的規律在哪裡？

所謂規律即事物運動過程中固有本質的必然聯繫，是不以人的意志為轉移的，股市規律亦是如此。但是，假如股市規律像「水往低處流」之類的規律那般簡單明瞭的話，估計只有零智商的人才會在股市上賠錢了。股市規律有著自己的特點，而且影響股市走勢的因素很多，既有經濟因素，又有政策因素，還有眾多散戶、法人機構相互博弈也在影響著股市，因而，變化是股市永遠不變的主題。短期的變化更是難以預測，但股市仍是有規律可尋的，影響其走勢的主要因素並不複雜，就是股市的內在價值，因此，首先要抓住其本質的東西，然後根據自己的經驗來做出較為準確的判斷，雖然不能準確無誤的預測股市的變化，但總能把握住其大勢所趨。

對那些有著規律情結的人來說，他們也許會反駁：如果我透過艱辛的研究不斷的摸索而發現了股市規律，那麼我就可以永遠密不示人，而是偷偷地享受賺取金錢的樂趣。對於這種「合理」的設想，我們仍然可以繼續追問：如果這個「規律」絕對不能說給別人聽，一旦被別人知道就不再具有普遍的效力，我們真的還可以稱其為「客觀規律」嗎？所以股市有規律，但並不是所有人都能夠看得到，都能夠理解得透，記住：股市是易變的！即使你知曉股市的規律也難以判斷你是否就會在一次交易中賺錢，打個比方，我們都知道投擲硬幣其正面朝上的機率是五十％，但下一次它到底是正面朝上還是反面朝上只有上帝才知道！所以不要指望股市規律能夠自動地帶給你財富。但是，話又說回來，一個連硬幣正面朝上的機率是五十％都不知道的人，那麼他的境況會更加糟糕。

而另一方面，股市的內在價值也是不可能輕易衡量的。

股市的規律

如上所述，股市的規律並不是我們所想像的那樣，即只要知道了規律就可以賺錢。事物總有自己的規律，但規律是有前提的，而且也不是一成不變的。股市規律的特殊性使我們難以具體地應用它。如果有公式來計算股市的內在價值的話，股市就不會這麼令人「神往」了。

那麼，我們如何才能踏上理解股市規律的征途？如何才能找到賺錢的切入口呢？

其實，許多既有經驗又有思想的市場人士，對股市的規律問題有著獨特的認識，只是他們的話語不易被尋常股票投資人猜透。

有人說：「戰勝自己才能戰勝市場。」

有人說：「好的心態帶來好的收益。」

股市的易變性和複雜性，以及股市規律的特殊性，導致我們無法運用股市的規律直接具體地指導我們的投資，是否就沒有什麼有效的方法能使我們取勝？答案是否定的。我們既不能準確地說出股市的規律，而且即使知道了股市的規律，也無法具體地指導我們的投資。然而事實卻是我們可以觀察現象，例如我們發現河流從村前流過，我們幾乎就能得出村前比村後地勢低的結論。知道股市有規律性，又善於發現股市上變化的現象，我們就同樣可以得出正確的結論，達到戰無不勝的目的。

首先，順勢而為。順市而為者旺，逆市而為者亡。無常之中亦有常，《道德經》把「道」比作水，孫子也說「兵型似水」，首先要把握住「水性向下」這個根本，這樣一切水的運動就都好理解了！

其次，盲目跟風是絕對錯誤的。股市的熱潮必然導致股市供求的變化，市場法則就會給盲目跟風的人以教訓。

再次，認為股市是雜亂無章的與認為股市存在簡單的運行軌跡一樣的愚蠢。股市是有其規律的，並不是無章可尋，但股市的表象是雜亂無章的，走向任何一個極端都會進入死胡同。教條地運用股市的規律也是絕對錯誤的。任何策略都有適用的環境約束，離開特定的環境，它的適用性就會大打折扣。在易變的股市上，教條地運用一種策略必然導致失敗。

總之，股市是有規律的，運用股市的規律卻需要一種經過訓練的直覺。這種直覺靠經驗、靠時間、靠你的敏銳和悟性才能錘煉而成。但千萬別迷信，以為只要找到了一種指標或軟體，就想一了百了，一勞永逸，坐地收銀，那是白日夢。

投資大師的誕生

巴菲特說：「在股市賺錢的必備條件是『特殊的賺錢氣質』，而『不必有過人的智能』。」何謂特殊的賺錢氣質？如何培養這一氣質？要成為巴菲特般的投資大師，以下的四道是必須熟悉的：

一，知道。首先要瞭解股市的規律。不要被股市紛擾雜亂的表像所迷惑，要知道股市無常亦有常，僅僅知道股市是時刻變化的還遠遠不夠，要知道股市的長期趨勢取決於其內在價值。是為之「知其然」。

二，做道。昨夜西風凋碧樹，獨上高樓，望盡天涯路，這一時期是最為艱苦的，長時間的股市實踐是必不可少的一個環節，任何理論都要經過實踐的檢驗，巴老的投資理念都是經過在股市上不斷的實踐再實踐的結晶，因此要變為己用，實踐也是不可缺少的環節。此為之「行然」。

三，悟道。衣帶漸寬終不悔，為伊消得人憔悴，我們在股市上的實踐中慢慢領悟股市的規律性，這也是一個漫長的過程，當然，能夠從中悟出一二，也就不枉「憔悴」的苦衷了。此為之「知其所以然」。

四，得道。眾裏尋她千百度，驀然回首，她在燈火闌珊處。在經歷上面三個步驟的錘煉之後，終於可得道「升天」了。是謂之「道然」。

「知」「行」合一，最後就能得道。

總之，我們的目的是明白股市的規律性，市場的法則並非擺在紙上的簡單話語，這需要我們去真正地理解它。股市需要直覺。何謂直覺？就是我們悟出股市規律的一種內在「邏輯」，以及我們駕馭它內在的一種不能言說的潛能。上面所說的幾步就是訓練這一直覺的必經之路。

直覺雖然難以言說，但它並非天方夜譚、空穴來風，而是一種實實在在的能力。

在股市賺錢的必備條件是「特殊的賺錢氣質」，而「不必有過人的智能」。

第二節　突破常規，反向操作

股市的法則告訴我們，不要盲目跟風，別人追逐時可能正是你決定要退出的時候，這就是市場法則下的反向操作。

二〇〇〇年，全世界股市出現了所謂的網路概念股，一些虧損、本益比極高的股票一沾上網路的邊便立即雞犬升天。然而巴菲特卻不為所動，並聲稱自己不懂高科技，無法進行投資。一年後全球出現了高科技網路股股災，人們這才明白「不懂高科技」只不過是他不盲目跟風的一個藉口而已。

聚集財富需要敢於突破常規模式，敢於創新。避開熱門行業裏的熱門股票，當然這需要你的恒心，到被冷落、幾乎不再增長的行業裏去尋找好的公司，這樣你就會是大贏家。

武俠小說作家金庸，不但是一個武俠超人，還是一個股市高手。不過，與他的令人眼花繚亂的武功招數相比，他的投資股票的手段只有一招，那就是跟大多數人反著做。每次，大多數人都感到絕望的時候，他反而買入股票，然後就若無其事似的，守株待兔，等到大多數人都熱烈買入的時候，他認為兔子該撞樁了。據他自己說，此招百試不爽，斬獲頗豐。

此金庸的絕招，其實就是順股市規律而為，逆大家風氣而行——反向操作。

有這樣一個故事：

有位從未涉足股市的女士，因不滿自己的丈夫包養二奶，所以拿了家裏的錢去炒股票。她要別人給她推薦最爛的股票，別人不解其故，問：為什麼？她語出驚人的說：老公包二奶，都是因為錢太多了。我要讓他的錢虧個精光，看他還騷不騷？

一開始，別人也不敢推薦太爛的股票，就讓她買了一些長期臥地不起的股票，買了以後，既不漲，也不跌，她很不滿意，非要找買入後馬上就會跌的股票。於是，有人推薦了一支奇特的爛股，屬於那種一買就套的，但誰也沒料到，買入後見風就漲，從最初的〇．四元一路漲到三元出頭。後來，原來臥底不起的股票也靜極思動，一個個一飛沖天，這個為一心想把丈夫的錢虧掉的女士事與願違，反而使得丈夫的荷包膨脹得更厲害了。

不過，反向操作技術並不總是那麼靈光，百戰不殆。有時候，利空出盡是利多，今天預報會虧跌，明天準能上漲，但有的時候，利空終究是利空，利空一出，法人知道有心理惰性的中小投資者準會為慣性思維牽著鼻子走，乾脆來個順水推舟，這樣一來，大多數有路徑依賴習慣的投資者就吃了大虧。這說明有時法人會利用這種模式化的「反向思維」進行再反向，從中坐收漁利。

為什麼反向思維有時靈，有時不靈？是不是我們在前面所說的就不正確了呢？不是的，如果把反向思維當作定向思維來使用，仍會遭遇挫折甚至招致滅頂之災。因此，反向思維也不能不顧條件，刻意造作。反向操作的本質是出乎大多數人的意外，假如反向操作成了大多數人的一致行動，就失去了本來的意義，這時，恐怕還得再跟大多數人反過來做才行。所以，刻意的反向操作有時反而不及近乎本能的逆反心理行為的效果更顯著一些。

計無定法，妙思天成，無窮奧妙，盡在有意無意之間。這才是反向思維的真諦。

股市賺錢肯定不能靠跟風，只有突破常規，尋找別人看不到的好股，才能出奇制勝。

第三節 與眾不同，出奇制勝

違背市場法則的主要表現就是隨波逐流，老跟在別人的屁股後面，別人怎麼做，自己也怎麼做，結果只能是竹籃打水一場空，想想股市上怎麼能人人都有錢賺？所以盲目的跟風必定是一場輸局，反向操作要得法得章，另外，與眾不同的做法也可牛刀小試。

十九世紀中葉，美國加州發現金礦的消息不逕而飛——幾乎整個世界都為之沸騰了，許多人認為這是一個千載難逢的發財機會，紛紛奔赴加州。十七歲的小農夫里拉也加入了這支龐大的淘金隊伍。

越來越多的人蜂擁而至，一時間加州遍地都是淘金者，金子自然也就越來越難淘了。

不但金子難淘，而且生活也越來越艱苦。當地氣候乾燥，沙石亂飛，許多不幸的淘金者不但沒能圓黃金夢，而且衣衫襤褸，和街頭流浪漢幾乎並沒有兩樣。

里拉和大多數人一樣，沒有發現黃金，反而被饑渴和風沙折磨得半死。一天，望著那些匍匐在沙地上衣衫破爛的同伴，聽著周圍人對天氣的抱怨，看著自己衣不蔽體的落魄樣，里拉忽發奇想：淘金的希望太渺茫了，還不如做一些特別的衣服來賣吧！

於是里拉毅然放棄挖掘金礦的努力，將自己手中僅有的一點點錢，用作路費返回離家鄉不遠的一個小城市，他用抵押和借貸的辦法，和當地的一個織布廠老闆簽訂了一百件衣服的合約。這些衣服都是按照里拉的建議設計的，不僅用料粗糙而且特別厚重，衣服的縫合處用的都是結實的尼龍繩。

衣服做好了，里拉懷著躍躍欲試的心情重新回到了淘金隊伍裏，此時的他已經不是原先那個狂熱的淘金者了，里拉把手中的衣服以廉價的價錢賣給淘金者，由於衣服質地厚重，而且耐風沙耐摩擦，沒多久，人們開始爭相搶購里拉的衣服。

在隨後的時間裏，里拉源源不斷地把衣服運到這裏，而且他還用同樣的料子製作了帳篷和布包。最後，當大多數的淘金者都空手而歸時，里拉卻在很短的時間裏靠賣衣服賺到六千美元，這在當時是一筆非常可觀的財富。

在追逐主要目標的過程中，會有很多機遇在他處招手，如果一味地盯著前面，就會錯過路邊的風景，所以，要眼觀六路耳聽八方，不要急著和大家一起跑。

第四節 實戰剖析

巴菲特說過一句名言：我們也會有恐懼和貪婪，只不過在別人貪婪的時候我們恐懼，在別人恐懼的時候我們貪婪。

二〇〇五年五月的第一個週六恰好是母親節，伯克希爾公司一年一度的股東大會卻比往年提前了一周舉行。股神巴菲特對當前高點、美國房地產泡沫、美元的走勢等都做出了詳盡的點評。

他首先認為，美國的房地產確實存在著泡沫現象，尤其是在加州以及華盛頓一些郊區地方，人為炒作的情況比較嚴重，由於房產是普通人的重大投資，一旦房價上升的速度快於成本的增幅，就有可能造成不可挽回的嚴重後果，這與一般產業的經濟週期有所不同，因此，巴菲特覺得房地產泡沫破滅的後果將會十分慘重。或許這就是他決定提前一周召開股東大會的目的所在，即避免公司在房地產投資方面過於急功近利。

其次，股神一直看空美元，儘管今年以來美元強勁反彈，令伯克希爾公司二百億美元的外匯投資損失了三億美元，但是在此情況下，股神仍然不改看空美元的初衷。他認為，美國赤字還在不斷地擴大，並且沒有任何減緩的跡象，長此以往，美元仍將貶值。他認為目前的股市既不是泡沫，也不是底部，因此，雖然最近兩年巴菲特在股票投資上幾乎毫無作為，用他自己的話說就是「無股可買，差點被趕出場了」，但是外匯市場卻成了股神新的掘金地，依靠巴菲特對美元走勢的「先知先覺」，伯克希爾公司二〇〇四年淨賺了十六・三億美元。

對巴菲特來說，雖然美元貶值或者升值都於他有利，因為前者能讓他的公司網盡美元好處，而後者將使伯克希爾公司持有的巨額美元資產大大地升值，但是如果讓巴菲特選擇未來二十年的投資工具，他說自己將會選擇指數基金。巴菲特對指數基金的「情有獨鍾」，早在今年的「致股東信」中就有所暗示。他認為成本低廉的指數基金也許是過去三十五年最能幫投資者賺錢的工具，但是對於大多數投資者來說，他們所經歷的從高峰到谷底的心理路程，使得他們在基金投資方面戰戰兢兢不敢出手。

巴菲特說，這是因為他們判斷失誤，沒有選擇既省力又省錢的指數基金。股神指出，自己做投資的人有「三大怕」：

一怕過高的成本，主要在於投資者過於頻繁的交易，以及對管理投資投入太多；

二怕聽信傳言和小道消息，而不是把投資決策建立在理智評估的平臺上；

三怕進入或者退出的時機不對。

往往是一輪漲勢已經啟動很久才進場，或是下跌持續了很長時間後才退出。因此，相對於直接購買指數基金來說，自己做投資總是一件費力不討好的事。

人總會有恐懼和貪婪，只不過在別人貪婪的時候我們恐懼，在別人恐懼的時候我們貪婪。

請永遠記住：

供求法則是市場經濟中的真理，違背這一法則必然受到市場的懲罰。巴菲特總是順勢而為，輕鬆獲勝，在市場上，「順者昌，逆者亡」這幾乎是顛撲不破的，巴菲特的做法顯然是順市場而動的，因此，最終勝利凱旋。

Gold Edition Warren Buffett 9

忠告三

信自己，贏天下

絕不要丟掉自己所熟悉的投資策略，即使這種方法現在很難在股市上賺到錢；不要採用自己不瞭解的投資方法，如果這些方法未經理論和實踐檢驗，則會有產生巨額虧損的風險。

■巴菲特

巴菲特曾經這樣說：「當代眾多的投資者在技術方面是不分上下的，而區別那些贏家和輸家的主要依據，是看其是否一如既往地運用其熟悉的投資策略。」一股神的話看起來有些保守，但我們的目的並不是為了顯示自己的靈活多變，賺錢是我們的惟一目的。

縱觀巴菲特的投資歷史，我們會發現，他通常採用自己十分熟練的投資策略，而且只投資自己熟悉的投資領域，在進入一個新領域之前，他都會花相當常的時間來熟悉該行業。正是他這種看起來比較保守的投資理念才造就了這一股市奇才。

下面的小故事可以生動的告訴我們，熟悉自己的領域是多麼的重要。因為，如果涉足自己陌生的領地且盲目自信自高自大，那麼將會吃盡苦頭。

一位博士畢業之後進了一家財務公司，當時他是該公司學歷最高的人。他恃才放曠，從不把別人放在眼裏，認為自己博學多才，無所不曉。然而一件小事卻讓他大為改變。剛去不久，一天他到公司後面的小池塘去釣魚，正好正副所長都在，也在釣魚，他們同他打招呼，他只是微微點了點頭，心想，和這兩個大學畢業的沒什麼可說的。

不一會兒，正所長放下釣竿，噌噌噌地從水面上如飛也似地跑到對面上廁所。這時博士眼睛睜得都快掉下來了：蜻蜓點水？還沒有等他回過神來，正所長又噌噌噌地從水上飛回來了。

這下博士整個頭都暈了，大半天沒有回過神來，正在納悶中，副所長也噌噌噌地飛過水面上廁所去了。這下子博士更是差點昏倒：「不會吧？難道我到了一個臥虎藏龍高手雲集的地方了嗎？」

博士生也想去廁所了。這個池塘兩邊有圍牆，要到對面廁所非得繞十分鐘的路，怎麼辦？他也不願意去問兩位所長，憋了半天後，也起身往水裏跨，「我就不信只有大學畢業的人能過的水面，我堂堂一個博士就不能過。」

誰知，剛邁出一隻腳，就聽「咚」的一聲，博士生栽到了水塘裏。兩位所長將他拉了出來，問他為什麼要下水，他問：「為什麼你們可以走過去呢？」

兩所長相視一笑：「這池塘裏有兩排木樁子，由於這兩天下雨漲水正好在水面下。我們都知道這木樁的位置，所以可以踩著樁子過去。你怎麼不問一聲呢？」

這就是不熟悉自己領域的後果，好在僅僅是栽進水裏，若在股海就得栽到海裏了，這一失足可能就成千古恨了。自己不熟悉的領域盲點太多，單從表面上難以判斷準確，因此，別人看似簡單的投資，如果自己不熟悉，千萬不要「以身試法」，其中的陷阱會讓你栽得頭破血流。

第一節 駕輕就熟是良策

簡單的事情反反覆覆地做，就能達到駕輕就熟的最佳境地，成為某一招數的高手，甚至成為某一招數的完美化身。

在這個過程中，不需要太多考慮大盤的漲跌，只嚴格遵循規則，提高每一筆交易的質量。從設計自己的投資方法，到反覆修正這個投資方法，再到固定下該投資方法，直到始終堅持這個投資方法，是成為成熟股票投資人的一個完整過程。如果這個投資方法能夠獲得大家的接受，就會成為投資大師！

當然，自己熟悉的投資策略在短期內也許並不是最好的投資策略，也就是說看似平淡無奇的投資，如果能夠輕鬆駕馭，往往彰顯出高超的投資水準。

比如說一個投資者，採用一種看起來比較保守的投資方法，每年平均只賺到一〇％，但從來不虧損，十年以後將成為大贏家。

這種投資方法與一年賺一〇〇%的方法比，太平凡了，太過於保守了，但這是成為高手的條件，巴菲特對於索羅斯的暴利嗤之以鼻，最後的結果是巴菲特的財富勝過索羅斯數十倍！巴菲特沒有買過歷史上的最大飆漲股——微軟，這種看似平凡的投資，卻造就了他的億萬財富。

股神巴菲特就是善於駕馭自己熟悉的投資方式的大師。

巴老的經典投資做法是：看中具有潛力的企業（一般為壟斷行業），根據內在價值分析（我們將在後面詳細分析巴菲特的價值投資），在其股票的最低價格時買進，然後就耐心地等待。即以穩健的策略進行投資，確保自己的資金不受損失，並且永遠牢記這一點。

其次，別指望做大生意，如果價格低廉，即使中等生意也能獲得豐厚的利潤。

再次，讓自己的資金以中等速度增長。巴菲特主要的投資目標都是一些具有中等增長潛力的企業，並且這些企業被認為具有可以持續增長的潛力。對此，我們的投資者可能會大惑不解。

股神就是這樣，熟練地運用自己的方式，本分地做著投資，享受著高額的回報。

現在讓我們來分析一下巴老的投資策略。

首先是買入策略，巴老一直在尋求廉價的股票，但廉價的股票要有好的增長預期，他透過內在價值分析，找出市值較內在價值低的股票，然後就會買進。

其次是持股策略，巴老的持股策略是長期擁有，堅信「長線是金」的原則，靜靜的等待股票的回升，一些股市上必不可少的波動絕不會動搖巴老的持股策略，即一旦買入好的股票，什麼情況下都不會拋。

再次是選股策略，巴老選擇的投資對象一定要具有增長潛力，只要增長前景好就不理會它是否是「大」的企業。

巴老的這一投資方式看起來並沒有特別高深之處，但他卻深諳其道，屢試不爽，可以說達到了運用自如爐火純青的境界，而這就是他的過人之處。

不要輕易採用自己不瞭解的投資方式

目前的投資工具十分多樣化，最普遍的不外乎有銀行存款、股票、房地產、期貨、債券、黃金、共同基金、外幣存款、海外不動產、國外證券等，不僅種類繁多，名目亦分得很細，每種投資管道下還有不同的操作方式，若不具備長期投資經驗或非專業人士，一般人還真搞不清呢！因此我們認為，一般投資人無論如何對基本的投資工具都要稍有瞭解，並且認清自己的「性向」是傾向保守或具冒險精神，再來衡量自己的財務狀況，「量力而為」選擇較有興趣或較專精的幾種投資方式，搭配組合「以小博大」。

投資組合的分配比例要依據個人能力、投資工具的特性及環境時局而靈活轉換。若是個性保守或閒錢不多者，那麼組合不宜過於複雜多樣，短期獲利的投資比例要少一些；若個性積極有衝勁且不怕冒險者，可視能力來增加高獲利性的投資比例。各種投資工具的特性，則通常依其獲利性、安全性和變現性（流通性）三個原則而定。例如銀行存款的安全性最高，變現性也強，但獲利性相對地低了；而股票、期貨則具有高獲利性、變現性也佳但安全性低的特性；而房地產的變現能力低，但安全性高，獲利性（投資報酬率）則視地段及經濟景氣而有彈性。

巴菲特從不貿然採用自己不熟悉的投資方式。投資股票切忌生疏，如果對自己的投資方式不甚熟悉，則千萬不要採用，想想那些熟練的老手都經常虧本，何況一個新手呢？採用生疏的投資方式就走向了駕輕就熟的反面，生疏給你招致危險的可能性會大大增加，原因在於你沒有能力來預測這一投資方式的運作，不能提前規避風險，難以在必要的時機扭轉逆境。另外，其中的陷阱你可能並不會發現和識破。

不宜採用的投資方式

巴菲特對衍生產品一直諱莫如深，他在給股東的信中曾經說道：「不管是對參與交易的各方，還是對整個經濟體系來說，衍生產品都是『定時炸彈』。因為，在衍生合約履約前，交易雙方通常在當前業績報告中計入利潤，而實際上卻沒有發生哪怕一美分的交易。」

「衍生合約的想像空間，和人類的想像力一樣無邊無際」，巴菲特說道。他還以破產的安然公司為例，在當時的這家公司，多年以後才履行的寬頻網路衍生合約都計入了當前的業績。

巴菲特認為衍生合約的另一個問題是，「在一家公司遇到麻煩時，衍生合約會因為一些毫不相關的事情而使問題嚴重惡化。產生這種累加效應的原因是，很多衍生合約要求信貸評級被下調的公司立即向合約另一方提供抵押品，這樣會導致惡性循環，以致使得企業徹底垮掉。」

巴菲特並不是空口無憑，他的通用再保險公司就曾陷入金融衍生品的泥沼中，僅二〇〇二年就在這方面的稅務上虧損了一・七三億美元。在一九九八年收購通用再保時，伯克希爾並不想要它的衍生品交易部門。但巴菲特沒能擺脫掉該業務。

看似平淡無奇的投資，如果能夠輕鬆駕馭，往往能彰顯出高超的投資水平。

第二節　智者孤獨

幾乎所有成功的投資者都是孤獨者。他們註定是孤獨者，因為他們特立獨行，通常要做和大眾不同的事。巴菲特就是一個堅持自己的投資理念的孤獨者。

正如佛所說：「自傘自度，自性自度，求人不如求己。」做股票亦是如此。首先要相信自己，有自己的思想，不能人云亦云。孤獨者就要與眾人不同，否則就不能成為孤獨者。你必須獨立思考，如果你自認不具備足夠的知識來做判斷，那寧可不做任何判斷也不要聽信別人的指點。

當然，為了與眾不同而做和大眾相反的事是危險的。與眾不同，存乎一心，而不是有意為之。必須要有合理的解釋為何大眾是錯的，同時要預見採用相反思維所將導向的下場，這樣才能給自己與眾不同所需要的信心。

僅僅為了與眾不同而標新立異是愚蠢的。

我們強調的是與眾不同的思維方式。

笑看股市的評論

股票投資人最容易受股市分析師的影響，原因如下：

一、缺乏技術分析的理論，認為專業人員經驗豐富理論扎實，應該可信。

二、股票眾多，自己看得眼花繚亂，找不出主線，想依靠評論員的「慧眼」。

三、對自己沒有信心，總覺得自己選的股票沒有把握，心裏沒有底。手中的股票不漲甚至下跌時更是覺得缺乏繼續持有的理論依據。而專家的股票有理有據，而且正在漲，左看右看都完美。

四、希望股票評論員談論自己的股票，尤其是看好自己的股票，這時就像找到了知音，不但信心大增，還覺得股市評論說的有理，正中心坎，有英雄所見略同的感覺。

五、對未來大盤或個股的走勢沒有把握，希望從股市評論中看出方向。或者當前的上漲或下跌出乎自己的預料，自己從感情上不能接受，希望從股市評論中找到依據，找到是外界原因而非自身原因導致下跌的理由，使自己的心理達到平衡。

總之，看股市評論的本質是不相信自己，信心不足。

股市評論家對股市的評價和預測對股票投資人的心理和行為有很大的影響力，相當多的人對股市評論家言聽計從，股市評論家說某某股票要漲，他們就趕緊買進那種股票，股市評論家說大勢不好，他們就趕緊拋空所有股票，即使「不計血本」亦在所不惜。

有時自己本來滿有把握的股票，但經過股市評論家的一番「推理論證」就成了垃圾股了，這不但錯過了天賜的良機，更重要的是股市評論使你喪失了信心和獨立性，因此，它對你以後的投資絕不是什麼好事情。

當然有人會舉雙手贊成按照股市評論家的邏輯進行投資，此君的推理是：股市評論家的買股邏輯可能並不準確，但他發佈了這樣一種預期，使得眾多的股票投資人會根據股市評論的邏輯進行投資，因此，即使股市可能並不打算上漲，但是經過股市評論的「鼓動」，眾多的人會跟風買進，進而在短期內就成為了股價上揚的推動器。

因此，股市評論家的作用就相當於發佈了一種比較可靠的「內部消息」，所以，此君的結論是：相信股市評論家保準沒錯。

但真正的投資家是不會受股市評論家的影響的，股市評論家只會左右一般散戶的行為，股市評論家的話聽起來總是那麼順耳，但在股市上，僅僅好聽是不夠的，我們需要的是長遠的眼光和敏銳的

「感覺」，這是難以言說的。每天都有眾多的股市評論家在評述股票，即使預測準確也不能排除機率的意義，然而，我們的目標是每筆交易都要萬無一失。

走自己的投資之路，就讓股市評論家每天「戲說」股票去吧！

自己比別人更重要

當然，初入股市者向書本學習、向投資大師學習是必然不可少的。但經過一定時間的實盤操作過程以後，離開書本、離開別人才是成熟投資者的標誌。

當你在瞬息萬變的股市投資中感到輕車熟路、操作嫻熟的時候，你就能夠深刻體會到什麼才是真正的「自己比別人更重要」：

一、雛鷹總有自己飛離父母的一天，每個人都要經歷學爬行、學站立、跌跌撞撞學走路的過程，沒有一個健全的人因為懼怕摔跤而永遠依賴別人的。在股市上學投資也是這麼一個過程。

二、錢是自己的，沒有誰比你更關心自己的口袋，股市評論家可不會對你的損失負責！

三、知己知彼、百戰不殆，只有自己才最瞭解自己，才知道怎樣以己之長應對彼方之短。如果總是跟著股市評論的路子走，不是摔跤就是跳樓。

四、股市是微妙的和變化無常的，是一場博弈的競局。

股市沒有救世主，只有自己救自己。所以，相信別人不如相信自己。

股市是微妙的和變化無常的，是一場博弈的競局。股市沒有救世主，只有自己救自己。

第三節　生意不熟不做

駕輕就熟的另一層含義就是投資自己熟悉的領域，而不要進入自己不熟悉的領域。巴菲特對自己不熟悉的領域從來不感興趣。

中國有句古話叫「生意不熟不做」，巴菲特就有這樣的習慣：不熟的股票不做。

我們可以來分析二〇〇三年巴菲特的投資組合。（如附表）

不熟不做——二〇〇三年巴菲特的投資組合明顯的展現了這一理念。

很早以前巴菲特就擁有了可口可樂公司的股票，可以說巴菲特對可口可樂公司再熟悉不過了。對其他公司，巴菲特都是密切跟蹤了多年之後才出手，對中石油的投資也並非心血來潮，因為巴菲特一直關注那些能源股，這也是他最擅長的投資領域，中石油可以說是中國能源的壟斷企業，十分適合巴老的口味。

巴菲特十分喜歡那些自己非常熟悉的在一定領域內占統治地位的企業：「從長遠來看，真的很難下結論：可口可樂和吉列的商業風險會遠遠低於其他電腦公司或零售公司嗎？在世界範圍內，可口可樂賣出大約四四%的飲料，而吉列擁有刀片市場超過六〇%（價值）的股票。除此之外，我不知道別的哪家企業能在這麼長時間內有這樣的全球影響力。」他也曾開玩笑說，想想每晚有二十五億男人的鬍鬚在生長，而刀片是他們的洗手間裏的必備之物，這足以讓他睡個好覺。

2003 年巴菲特的投資組合

公　　司	持 股 量	持股比例（%）
華盛頓郵報	1,727,765	18.1
穆迪	24,000,000	16.1
美國運通	151,610,700	11.8
吉列	96,000,000	9.5
可口可樂	200,000,000	8.2
H&RBlock	14,610,900	8.2
M&TBank	6,708,760	5.6
HCA	15,476,500	3.1
富國銀行	56,448,380	3.3
中石油	2,338,961,000	13.5
其他	NA	NA

二十世紀六〇年代，電子股風靡華爾街。聰明的投資者如菲利浦、費雪在二十世紀五〇年代便開始長期投資，但炒股票的人到十年後才知道這是個好東西。

短期來看，時勢造英雄，當時確實有些基金經理因投資電子股而變得大紅大紫，這些基金經理的成績遠勝於巴菲特。但巴菲特卻不參與這種投機，他認為：「對於投資決策來說，如果某種技術是至關重要的而我又不瞭解的話，那麼我們就不進入這場交易之中。我對半導體和積體電路的瞭解並不多。」因此，二十多年前，巴菲特沒有捲入電子股的投機浪潮裡；正像二十多年後的今天，巴菲特也沒有捲入高科技網路股的狂熱之中。由於巴菲特繼續看好傳統經濟，其下屬公司一年來收購了包括油漆公司、珠寶公司等八家公司。

巴菲特自始至終都堅持「只投資自己看得明白的公司」的投資理念，對於前些年來紅得發紫的高科技網路股，投機者大把大把地撈錢，巴菲特卻不為所動，並且以不瞭解為藉口避開它們。巴菲特還認為，投資的公司越簡單越好，如果一個公司的年報表讓他看不明白，他就會懷疑這家公司的誠信度，或者該公司也許在刻意隱瞞什麼資訊，故意不讓投資者明白，因而，他堅決不會對它進行投資。

近幾年來使巴菲特這個名字更加如雷貫耳的原因是，他一直堅持不買自己不熟悉的產業的股票，尤其是高科技網路股，因此從一九九七年開始，在以高技術為主導的美國股票牛市中，巴菲特的藍籌股投資收益遠遠被拋在市場的後頭。直到後來，不知道是金錢，是事實，還是新理念終於使巴菲特醒悟，巴菲特才闖入了兩個他從未進入過的領域：能源業和電信業。對此，巴菲特的解釋是：「或許應該這樣說，市場改變了，一個執著的價值投資理論者應該在新的市場環境中尋找新的規則和機會，但基礎的原則不應放棄」。巴菲特雖然藉口尋找新的環境，但像他這樣的老手，沒有十二分的把握是不會下手的。

二〇〇〇年初，網路股高潮的時候，巴菲特卻沒有購買。那時大家一致認為他已經落後了，但是現在回頭一看，網路泡沫埋葬的是一批瘋狂的投機家，巴菲特再一次展現了其穩健的投資大師風采，成為最大的贏家。網路股也好，能源股、電信股也好，巴老投資的最終目的始終是賺錢，因此，不熟悉的看不透的領域他是不會心動的，即使當前看來炙手可熱的行業，他也照樣能夠安然不動，直到真正的瞭解它。

這個例子不是說我們不要炒網路股，而是告訴我們，在做任何一項投資前都要仔細研究，自己沒有瞭解透想明白前不要倉促決策，比如現在大家都認為存款利率太低，應該想辦法投資。

股市不景氣，許多人就想炒郵票、炒外匯、炒期貨、進行房產投資，其實這些管道的風險都不見得比股市低多少，操作難度卻比股市還要大。所以自己在沒有十分的把握時，把錢放在儲蓄中倒比盲目投資安全些。統計結果也顯示，現在銀行儲蓄仍是大家的首選，「寧靜以致遠」不無道理，畢竟我們將來的投資機會多得是，「留得現金在，不怕沒錢賺。」

第四節 實戰剖析

巴菲特經過多年的投資經驗，已經形成了自己獨特的投資方式，我們可稱之為巴式投資三部曲，即相馬、等待、出擊。巴菲特首先對自己感興趣的公司進行伯樂式的比較，一旦看中一家公司就會長期跟蹤，等待合適的價格，最後一步就是時機來臨時一舉收入囊中。

巴菲特一直使用這種投資方式，可以說達到了爐火純青的地步，對各個環節的操作無不得心應手。巴菲特就是靠這樣的投資方式起家的，他的投資方式也成為股市上的經典之作，被眾多股票投資人紛紛效仿。

七〇年代，巴菲特看上了政府雇員保險公司（CEICO），該公司的運營一直良好，擁有大量的現金來源，巴菲特就是看上了這一點，大量的現金可以為巴菲特收購其他公司提供資金，而且這些資金幾乎沒有什麼成本，另外，隨著人們生活水準的提高，以及美國人極力崇尚個人主義，保險業前景一片光明。這是基於對該公司全面的分析後，巴菲特才對它愛不釋手了。

正是因為公司的運營一直表現良好，所以其市價也不低，巴菲特苦於一直找不到合適的機會出手，只能如往常一樣靜靜地觀察，以覓時機。

終於，機會降臨了。一九七六年之初，該公司宣佈上一年度的損失額達到了驚人的一・二六億美元，股價因此一蹶不振，昔日的輝煌逐漸散去。暗處的巴菲特卻覺得光明來臨了。屋漏偏逢連陰雨，船破又遭打頭風，八〇年代，法庭訴訟中判給原告的賠償費和保險公司必須支付的賠償費以驚人的速度增長，加之其他一些因素，政府雇員保險公司的經營成本每月要增加一個百分點左右，這就使原本就不景氣的經營雪上加霜。

一些公司為了維持市場佔有率，竟然寧願以低於經營成本的價格提供保險服務，價格的惡性競爭導致保險費率不升反降，政府雇員保險公司的業績直線下滑，光景一日不比一日，而此時的巴菲特已經有了經營保險業的成功經驗，對他來說，收購政府雇員保險公司早已是萬事具備，只欠東風，只要市場低估政府雇員保險公司的價值，巴菲特就可以趁機直驅而入。

終於，巴菲特迎來了這一時刻，七月份，政府雇員保險公司的股票已經跌到二美元一股了，巴菲特深知保險公司虧損的原因並不是這一產業的沒落所致，而恰恰相反，保險業的突然興起，大量保險公司的成立使得保險市場出現了暫時的混亂，價格的惡性競爭以及其他一些因素促使了政府雇員保險公司的股價下跌，這也是巴菲特沒有改變收購主意的主要原因，況且政府雇員保險公司仍舊保持低成本運營的方法，使得該公司很有競爭優勢，這就使巴菲特相信該公司仍有前途，不會一直衰敗下去。巴菲特終於出手了，一下買進了五十萬股政府雇員保險公司的股票。八月份，當政府雇員保險公司策劃發行七千六百萬美元的優先股時，巴菲特又毫不猶豫地買進了二五%的股票。

保險公司追加的資金使得它脫離了危險，逐漸有了生氣，股價開始反彈。經過六個月的運作，政府雇員保險公司的股價就上升到了八美元，是原來的四倍，隨後巴菲特在幾年裏把對該公司的投資額加了一倍，巴菲特成為擁有控股權的投資者。

在後來的經營中，巴菲特一直強調他不會拋棄政府雇員保險公司，要一直持有。該公司也成了巴菲特的主要購併資金來源。

巴式投資三部曲：相馬、等待、出擊。

Gold Edition Warren Buffett 9

忠告四

把雞蛋放在一個籃子裏嗎？

不要把所有雞蛋放在同一個籃子裏，是有史以來的天大的謬論，投資應該像馬克・吐溫建議的「把所有雞蛋放在同一個籃子裏，然後小心地看好它」。

——巴菲特

中國有句俗話：不要把雞蛋放在一個籃子裏。這句名言告誡當事人要注意分散風險，不要畢其功於一役。股市上投資風險更大，所以眾多股票投資人為了避免一招走錯滿盤皆輸的後果而廣泛採用分散風險的辦法，然而股神巴菲特卻說：「不要把所有雞蛋放在同一個籃子裏是有史以來的天大的謬論，投資應該像馬克・吐溫建議的『把所有雞蛋放在同一個籃子裏，然後小心地看好它』」。

如何理解這一「悖論」呢？眾所皆知，把雞蛋分放在很多籃子裏，即使一個籃子摔了，其他的雞蛋仍能逃脫摔破的厄運，這在股市裏極為有用啊！為什麼要把雞蛋放在一個籃子裏，巴老是不是發瘋了？投資大師的話自有其道理。當然，我們所說的把雞蛋放在一個籃子裏並非就是只投資一家企業的股票，而是採取集中投資原則，是相對分散投資而言的，即「越少越好」。

我的一個朋友可謂是分散風險理論的絕對執行者，帳面上只有區區五十萬元，但其投資的股票卻有十幾—二十支，自己為了不至於把股票看錯，在本子上一一記錄在案，並用紅藍黃綠眾多顏色標注一番，頗像一個雜貨鋪老闆的流水賬本，每天要花大量的時間來逐一對照價位，上升的股票一個顏色，下跌的和持平的都分開標注，看上去管理得頗為「條理清晰」。問他為何買入如此眾多的股票，而且好多公司自己都不甚瞭解？朋友笑答：「股市風險分散理論？不要把雞蛋放在一個籃子裏。」他還志得意滿地給其他股票投資人生動地解釋了一通，「股市變化無常，風險難以預料，這樣選股可以極大地分散風險，只要大盤漲，總能捕住幾匹黑馬，若股市風向下轉，也定有逆風而上的好股啊！」看似中規中矩，妙不可言。

朋友的話可謂不無道理，後來指數從六千點左右強勁上揚，我想該君應該斬獲頗豐，孰知他卻一臉陰沈，原來，在這股行情中他沒有捕住高點，二十餘支股票一敗塗地，個個垂頭喪氣地往下滑，後來股市變盤，一落千丈，我的朋友也全線敗退，落荒而逃，狼狽地敗下陣來。

此君的分散市場風險的投資理念應該說是沒有錯誤的，如果選擇得當，把雞蛋分放在若干個籃子裏確實可以分散風險，但他最後卻是落了個慘敗，究竟原因出在什麼地方呢？股市風險固然應該避開，但分散投資雖然並不一定能分散風險，卻一定是分散了你的資金和精力，在另一種程度上說是增加了你的風險，降低了投資的受益率。

集中投資卻是一個更佳的投資方式，其精髓可以簡要地概括為：選擇少數幾種可以在長期拉鋸戰中產生高於平均收益的股票，將你的大部分資本集中在這些股票上，不管股市短期跌升，堅持長期持股，穩中取勝。

第一節　把雞蛋放在一個籃子裏？

「少就是多」。對一個普通投資者來說，巴菲特認為只要有三五家公司的股票就足夠了。他的理由同樣是基於一個常識：買的股票越多，你就越有可能購入了一些你對之一無所知的企業。

然而，巴菲特卻認為，一般情況下你對企業的瞭解越多，對一家企業的關注越深，你的風險越低，收益就越好。因而，投資者應該像馬克．吐溫建議的那樣，把所有雞蛋放在同一個籃子裏，然後小心地看好它。

問問自己能記住幾個電話號碼？普通人是一百個左右，你呢？手頭股票太多時，產生的結果就是注意力分散，失去對單個股票的感覺。我一直強調，你必須隨時挑動股票運動是否正常的感覺和嗅覺，在此基礎上才有可能控制進出場的時機。買一大堆類別不同的股票，恨不得掛牌的股票每一種都買一些，是新手的典型錯誤，因為注意力將因此分散。將注意力集中在三至五支最有潛力的股票，隨著經驗的增加，逐漸將留意的股票增加到十至十五支。讀者可以試試自己的極限何在，但是，在任何情況下，都不要超出自己的極限。

五%的個股是火焰，九五%的個股是海水，分散選股只會增加那些爛股的數量，而不會捕捉住數量稀少的好股。巴菲特曾表示，擁有股票就像養孩子一樣——不要養得太多而管不過來。業餘投資人大約有時間跟蹤六——十二個公司，在有條件買賣股票時，同一時間的投資組合一般不要超過五家公司。這就是我們所說的集中投資，過度地分散投資只會鬍子眉毛一起抓，沒有重點，我們倡導的是牽牛要牽牛鼻子。

下列原因會告訴你為什麼集中投資更具有優勢。

其一是，每個人的精力都是有限的，過分地分散精力的後果可想而知，當然個人的才能和優勢也因人而異，它們往往只表現在某一方面。雖然天下不乏上知天文下曉地理琴棋書畫樣樣精通的全才，但是大多數人如果樣樣都會，必然樣樣稀鬆，而不是精深。尤其是在股市上，企業涉及到各個領域，金融工具也是數不勝數，要掌握各個行業的資訊，熟練各種金融工具，是十分困難的，也是絕對沒有必要的。與其一團麻亂狂抓，不如精其一種，做到出神入化的境地。

其二是，從收益和風險的平衡角度來講，把雞蛋放在一個籃子裏與放在多個籃子裏是沒有區別的。在多個領域分散投資和集中投資與本益比和風險並沒有必然的聯繫，本益比只在於每筆交易的質量高低，而風險只在於你選擇的股票的前景和你控制風險的能力如何。

其三，還是駕輕就熟的理念，在一個你所瞭解的領域投資，總比再去開拓一個新的領域其風險要小得多。因為你對本行業的市場前景、操作技術等情況一定比對其他的陌生行業更瞭解、更熟悉，所以，除非你發現自己的行業在市場中正逐步的老去，或者你對新的領域有更深刻更準確的把握，否則就不要輕易地更換領域。

與其東抓一點西抓一點地浪費時間和精力，不如抓準機會，買入一家值得的公司賺到底。如果你投資一千美元於一支股票，你最多損失一千美元，而且如果你有耐心的話，你還有等到賺一萬美元的機會。一般人可以集中投資於幾個好的公司，只有基金管理人才不得不分散投資。股票的支數太多，會使你失去集中的優勢，因為幾支大賺的股票就足以使投資生涯有價值了。巴菲特的投資不就是這樣嗎？

巴菲特每年做大約五至十起收購，但並不像多數慣於收購的企業一樣在收購後派入自己的管理層，或者改變其公司原有的工作流程，並宣稱如何在新公司與舊體系各公司間取得合作，而是像一個大收藏家般把收購的企業隨意擱置在一邊。他也把收購對象集中於保險公司、電力、餐飲、媒體、建材、銀行商等幾大領域，這些都是無論在怎樣的市場環境中，其業績波動都不會太大的行業，除此之外，他還在可口可樂、美國運通、吉列、富國銀行、迪士尼等幾家超級企業中投入了巨額資金，這就是被稱為集中投資的方式。

巴菲特曾詼諧地說，這就像芝加哥公牛隊在喬丹身上付出的最多一樣。

把所有雞蛋放在同一個籃子裏，然後小心地看好它。

第二節 找出傑出的公司

既然要集中投資就需要十分謹慎的選擇股票，這就是為什麼集中投資比分散投資更有效率的一個原因，分散投資會致使你不自覺的放鬆警惕，讓你不會全身心地投入於其中，因為你總會覺得不用費心，只要廣撒網就會撈到大魚，而這僅是從機率的角度來講的。但是，集中投資就與之不同，它會讓你特別的小心翼翼，因為倘若不這樣做就會顆粒無收。

「找出傑出的公司，押大賭注於高機率事件上。」

多年來，華倫·巴菲特形成了一套他自己選擇可投資公司的戰略。他對公司的選擇是基於一個普通常識：如果一家公司經營有方，管理者智慧超群，它的內在價值將會逐步顯示在它的股票價值上。

巴菲特的大部分精力都用於分析潛在企業的經濟狀況以及評估它的管理狀況而不是用於跟蹤股價。

巴菲特使用的分析過程包括：用一整套的投資原理或基本原則去檢驗每一個投資機會。我們可以將這些原則視為一種工具帶。每一個單獨的原理就是一個分析工具，將這些工具合併使用，就為我們區分哪些公司可以為我們帶來最高的經濟回報提供了方法。

華倫·巴菲特的基本原則將會帶你走進那些好的公司，並使你合情合理地進行集中證券投資，因此，那些長期業績超群且管理層穩定的公司就將成為你投資的首選，而這些公司不僅在過去的運行中能夠穩中求勝，在將來也定會產出高額業績。這就是集中投資的核心：將你的投資集中在產生高於平均業績比率最高的幾家公司上。

巴菲特不止一次地說到如何精選自己的雞蛋。前面我們曾經提到要投資自己熟悉的領域，因此，要首先選擇自己熟悉的行業，其次是行業前景的選擇。從巴菲特的投資歷史來看，巴老投資的都是一些傳統的經濟行業，這些行業比較穩定，短期波動較小，而長期內增長潛力強勁，根據對巴菲特歷年投資組合的分析，可以看出，巴老鍾愛的行業主要有：銀行、保險、媒體、餐飲、能源、電子。這些行業均具有穩定的特點，短期波動可能較小，長期的增長潛力比較強勁，因此是長期持有的不錯選擇。

集中投資的主要目的是賺錢，因此，關於合理分配資金的分散投資理論的勸告就不再那麼有說服力。根據分散投資理論，應該進行跨市場、跨地區的投資。在全球市場中，既投資歐美市場，也投資日本香港等亞洲市場，甚至包括泰國韓國等新興市場；既投資股票市場，也投資債券、石油金屬等商品期貨市場。

另外，從狹義的角度講，分散投資還要進行跨品種的投資，如股票市場中，上市股、上櫃股、成分股兼顧，傳統產業、新興產業相錯，長線投資、短線投資統籌，不一而足，但這樣的投資方式的前提條件是要對各個市場有充分的瞭解，既瞭解國內市場又要瞭解國際市場，還要對各個行業以及各個品種有所把握才行，這樣一來對投資者的要求無疑就增加了很多，確切地說這些都是對法人機構的要求，散戶難以具備這樣的條件和優勢。

與其瞭解如此多的行業和規則，不如看準自己熟悉的行業，看準自己熟悉的公司，買入一兩家具有增長潛力的公司，然後小心地看好它們，這就足夠了。要記住，巴菲特的股票種類從來不會超過十二個。

「對你所做的每一筆投資，你都應當有勇氣和信心將你淨資產的一〇%以上投入此股」，故巴菲特說理想的投資組合不應超過十個股，因為每個個股的投資都在一〇%以上。

集中投資並不是找出十家好股然後將股本平攤在上面這麼簡單的事。儘管在集中投資中所有的股都是經過細選，但總有些股票不可避免地高於其他股票，這就需要按比例分配投資股本。

玩撲克賭博的人對這一技巧瞭若指掌：當牌局形勢對我們絕對有利時，要下大賭注。

將你的投資集中在產生高於平均業績的機率最高的幾家公司上。

第三節 分散投資的悖論

把雞蛋放在一個籃子裏，我想無論怎麼解釋，股票投資人也不會欣然接受。況且分散投資理論在教科書中十分盛行，幾乎無人不知無人不曉，然而此處，我卻讓大家進行集中投資，肯定會有口難辯。

雖然分散風險本身並沒有什麼大錯，尤其是對那些要保護自己的資金不受損失的人來說，這一點非常重要。但對於要賺錢的股票投資人來說，保證資金的安全性即使很重要，但它並不是根本，也不是絕對必要的事，如果並不想從中撈錢，那麼把錢存入銀行可能更為保險，要成為富翁，集中投資是再好不過的方式了，因為它會增加你的資金的回報率，會讓你賺得錢翻個幾倍。

巴菲特集中投資的策略基於集中研究、集中決策，在時間和資源有限的情況下，決策次數越多其成功率越低，而少數幾個重量級的決策就足以讓你獲得高成功率。這就好比獨生子女總比多子女家庭，所受的照顧多一些長得也壯一些是一樣的道理。

分散投資即使有分散風險的好處，其缺點也是顯而易見不容小視的。

首先，不管你的投資有多分散，如果你對投資的領域瞭解不夠充分，分散投資不但不能分散風險，相反還會增加風險。

其次，人的精力是有限的，股票越多，既在分散你的投資風險，也在分散你的精力，如果超出了你的管理極限，過多的股票就會讓你應接不暇，顧此失彼，這樣的話，你無暇顧及的籃子裏的雞蛋就更容易摔碎！

最後，如果操作得當，分散投資固然可以分散風險，但安全性提高的同時，資金的收益率肯定會下降。

分散投資固然可以分散風險，但安全性提高的同時，資金的收益率肯定會下降。

第五節　實戰剖析

巴老的投資組合頗為簡單，但無不顯示了他穩健的投資風格。當你看了下面的列表是讓你不以為然，還是為之叫好？是讓你默然視之，還是怦然心動？我想，只會是後者，因為巴老進軍的行業無不是我們夢寐以求、嚮往已久，甚至一直以來都是我們憧憬加盟、期待參與的好股。

讓我們來參考巴菲特歷年擁有的股票組合，從巴老的投資組合我們有什麼發現呢？

首先，巴菲特每年持有的股票是屈指可數的。巴菲特每年的持股組合在三—十五支之間，作為投資大師，這樣數量的股票絕對是少之又少的。

其次，很多公司的股票巴菲特都是連年持有，這在各年的投資組合中一眼就能看出來。

再次，巴菲特的投資行業比較集中，可見巴老對所投資的領域都非常的熟悉。

巴菲特歷年擁有的股票組合

年份	公司名稱	組合額度	增長率（%）
1978	華盛頓郵報	19.7	4.09
	GEICO（政府雇員保險	12.8	1.46
	SAFECO	12.0	1.11
	聯眾集團	8.6	4.20
	凱賽鋁業	8.4	1.03
	騎士報	4.6	1.36
	GEICO	4.1	2.19
	首都/美國廣播公司	3.9	1.42
1980	GEICO	19.9	2.23
	通用食品	11.3	0.96
	哈迪哈曼公司	11.0	2.68
	SAFECO	8.5	1.41
	華盛頓郵報	8.0	3.98
	美國鋁業公司	5.2	1.08
	凱賽鋁業	5.2	1.34
	聯眾集團	4.2	4.89
	沃爾沃斯公司	3.31	1.22
1982	GEICO	32.7	6.57
	雷諾煙草公司	16.8	1.12
	華盛頓郵報	10.9	9.71
	通用食品	8.8	1.26
	時代公司	8.4	1.76
	克郎佛斯特公司	5.2	1.04
	哈迪哈曼公司	4.9	1.71
	聯眾集團	3.6	7.57
	奧美國標	1.8	4.67
	聯合出版	1.8	4.81
	大眾媒體公司	1.3	2.70
1984	GEICO	31.3	8.69
	通用食品	17.8	1.51
	埃克森公司	13.8	1.01
	華盛頓郵報	11.8	14.11
	時代公司	3.7	1.42
	首都/美國廣播公司	3.7	1.05
	哈迪哈曼公司	3.0	1.42
	聯眾集團	2.2	10.95
1987	首都/美國廣播公司	48.9	2.00
	GEICO	35.8	16.56
	華盛頓郵報	15.3	33.20
1989	可口可樂	34.8	1.76
	首都/美國廣播公司	32.6	3.27
	GEICO	20.1	22.85
	華盛頓郵報	9.4	49.98
	聯邦住屋貸款抵押公	3.1	2.25
1992	可口可樂	34.2	3.82
	GEICO	19.5	48.70
	首都/美國廣播公司	13.3	2.94
	吉列公司	11.9	2.28
	聯邦房屋貸款抵押公	6.8	1.89
	威爾斯法哥	4.2	1.27
	通用動力	3.9	1.44
	華盛頓郵報	3.5	40.79
	吉尼斯公司	2.6	0.89

資料來源：《巴菲特投資策略全書》

巴菲特擁有的股票在跌勢中抗跌，而在漲勢中又能跑贏大盤。他的業績比道瓊指數高出了二二%，並且，他沒有任何一個虧損年度。這是怎麼做到的呢？也就是說巴菲特的投資組合是一個處於強勁上升過程中的投資組合。而且，他的投資組合在大市不利的情況下仍然能夠繼續上漲，他取得如此高的收益卻沒有太多的波動，說明其投資組合的穩定性非常地好。不管如何看，這份業績只有天才才能做得到。

成功的集中投資家需要培養一種性情。道路總是崎嶇不平的，選擇走哪條路才是正確的，經常是與人的直覺背道而馳的。股市的頻繁性波動容易使股票投資人產生不安定的感覺，並因而做出不理智的舉動。

你需要耐心地控制這些情緒，並隨時準備採取理智行動，哪怕你的直覺呼喚你做出相反的行為也要不為所動。如前所示，未來總是重獎集中投資者，因為他們意志堅定並且付出了巨大的努力。

巴菲特的組合則更加集中，均以企業本質及投資價格為選股焦點。只要該企業的財務狀況和他購買時一樣好，巴菲特願意永遠握有該股票，這確保他能夠長期受惠於保留盈餘的複利效果，同時也能避免因出售股票而被稅給侵食了。

當巴菲特在一九六三年購買美國運通股票時，或許他在選股中已經運用了優選法理論。五〇年代到六〇年代，巴菲特作為合夥人服務於一家位於內布拉斯加州奧瑪哈的有限投資合夥公司，這個合夥企業使得他能夠在獲利機會上升時，將股資的大部分投入進去。

一九六三年這個機會來了。由於美國運通公司因其一家子公司的醜聞事件，美國運通的股價從六十五美元直落到三十五美元，當時的人們大都認為運通公司對成百萬的偽造倉儲發票負有不可推卸的責任，而此時的巴菲特卻將公司資產的四〇％共計一千三百萬美元投在了這個優秀股票上，佔當時運通股的五％。

在其後的二年裏，運通股票翻了三倍，巴菲特所在的合夥公司賺走了二千萬美元的利潤。我們的投資就應該像巴老這樣，簡單而又熟練，這似乎不是不可能的事。

成功的集中投資家需要培養一種性情。道路總是崎嶇不平的，選擇走哪條路才是正確的，經常是與人的直覺背道而馳。

請永遠記住：

雞蛋易碎，金錢難覓，分散實力不如集中自己的優勢力量，重拳出擊；與此同時，只有有的放矢方能命中靶心，毫無目標的散漫作風只會葬送自己的前程。

Gold Edition Warren Buffett 9

忠告五

以不變應萬變

人們總想買進大量的股票，卻不願意耐心地等待一家真正值得投資的好公司。每天搶進搶出不是聰明的辦法，近乎怠惰地按兵不動，才是我們一貫的投資風格。

巴菲特

投資者總是不夠耐心地等待成功的到來，而是經常等得不耐煩，總覺得換支股票會好些，或者對自己的股票沒有信心，於是，每天不停的搶進搶出，希望在運動中撈一把，也許他們是聽夠了守株待兔的笑話，所以自己從來都不去等待。

巴菲特的做法卻恰恰相反，一旦買進自己相中的股票，接下來的大部分工作就是靜靜地看著它們慢慢的漲。如果不夠耐心，那麼很多情況下都會讓你追悔莫及。

一天，某個單位調來了一位新的主管，據說是個能人，專門被派來整頓業務。人們對此莫不議論紛紛，好事者甚至做好天天「播報」最新動態的準備。可是，一個月過去了，人們期待已久的風暴卻遲遲未發生；兩個月過去了，好事者也漸漸失去了「秘報」的興趣；三個月過去了，那些原本緊張得要死的壞分子，現在又開始活躍了，而且比之過去更加的猖獗。

如今，大家一致認為新來的主管是個老好人，雖然以前的主管是隻紙老虎，但是新主管甚至沒有紙老虎的樣子，他根本沒有傳言說的那麼有本事；四個月過去了，新主管卻一改往日彬彬有禮的常態，開始發威了，壞分子一律開除，而堅守本份的則獲得了提升，也就是所謂的「庸者下，能者上」，他下手之快，斷事之準，讓人佩服得心服口服。這與四個月之前的他相比，簡直就是天壤之別。

尾牙時，新主管在酒後致辭：相信大家對我新上任後的表現和後來的大刀闊斧，一定感到不解。現在聽我說個故事，各位就明白了。

我有個朋友，兩年前買了棟帶著一個後花園的房子，他一搬進去，就捋起袖子對後花園動了大手術，他把院子翻了個底朝天，凡是他認為的雜草雜樹一律清除，改種自己新買來的花卉。某日，原先的房主回訪，朋友洋洋得意地邀請前房主參觀他的後花園，房主走去一看大吃一驚地問，那些名貴的牡丹哪裡去了，我的這位朋友現在才發覺，他居然把牡丹當草給割了。後來他又買了一棟房子，雖然院子裏更為雜亂，但是這次他卻按兵不動，果然，冬天以為是枯樹的植物，春天裏卻繁花似錦；春天以為是野草的，夏天卻是團團錦簇；半年都沒有動靜的小樹，秋天居然滿樹紅葉搖曳。直到暮秋，他才認清哪些是無用的植物而大力剷除，並使所有珍貴的草木得以保存。

說到這兒，主管舉起杯來，「讓我敬在座的每一位！如果這個辦公室是個花園，你們就是這個花園的珍木，珍木不可能一年到頭開花結果，只有經過長期的觀察才認得出啊！」

「不要擔心短期價格波動」，巴老總是這樣忠告大家。他的理論是，只要一個企業有內在的價值，它就一定會展現出來，就像金子總會發光的理論一樣，這只是個時間的問題。

賺錢的訣竅往往不在於怎麼思考，而在於能否安坐不動！

第一節 守株待兔

股票投資人總是覺得股市的風雲突變、漲跌無常是常人難以把握，所以，應該時刻做好準備，或停損保本，或尋找契機，總之只要跟著市場的腳步走就行，守株待兔的做法古人都嗤之以鼻，又怎能效仿？孰不知，兵無定法，股市上守株待兔的做法已經被巴老詮釋得酣暢淋漓，他不止一次地告誡投資者：「成功的投資有時需要有所不為。」

有人曾戲說，「股市投資風險高收益也高，兩軍相遇快者勝」。持有這種觀點的人極力鼓動做短線、搶反彈，希望在運動中「殲敵」，認為股市就是一個以速度決定勝負的戰場，只有快速出擊，反應靈活機動才能取勝。當然，有時候我們確實需要快速的進入或退出，但大多數情況下，我們只需要耐心地等待。對少數投資者而言，靈活多動的投資思維和操作方法可能是成功的，但是，對於多數投資者卻是個「投資陷阱」。因為與虎謀皮、狼口奪食畢竟是高風險高難度的投機，所以並不適合也不是多數投資者的明智選擇。

在更多的情況下，守株待兔比靈活機動更有效。著名的巴菲特雖然每年證券投資的盈利只有三〇%，卻被稱為股市大師，關鍵在於他只贏不輸或贏多輸少。我們的一些投資者卻是，偶爾有一年憑藉僥倖獲利一〇〇%，甚至更多，可是後來又賠了個精光。巴菲特始終堅持一個贏家的秘訣：「安全第一，耐心第一」。

股市不管是牛市，還是熊市或盤市，每一年至少有一波持續時間較長的、上漲空間很大的、多數股票獲利的行情，或是兩波、三波這樣的行情，只要你耐心等待，伺機買進，行情結束時果斷出局，可能就是贏家了。

大家都知道「獵豹捕食」的原則，獵豹那麼兇猛的動物，有時為了捕獲一隻獵物，會餓著肚子耐心地埋伏好幾天，為了等待最安全最有把握的時機，防止打草驚蛇，錯失機遇，它還專挑「老弱病殘」的目標發動襲擊，然而其成功率卻極高。而被人們一致稱為聰明伶俐的猴子，整天跳來蹦去，卻經常為找不到食物而煩惱。在股市投資裏，我們應該學習獵豹的耐心，不要學習「聰明的」猴子亂蹦亂跳，卻總是沒有食吃。

我們不妨算這麼一筆賬，按巴菲特的下限，某支股票持股八年，以台北股市買進賣出交易一次的手續費是千分之一·四二五，證交稅為千分之三，合計為千分之四·四二五。如果在這八年中，每個月換股一次，每次支出千分之一·四二五的費用，一年下來，十二個月則支出費用共計千分之五十三

・一，八年之內不算複利的話，靜態支出也高達到千分之四百二十四・八！不算不知道，一算嚇一跳。然而，魔鬼往往在不知不覺之中將老本啃食精光。

當然，守株待兔並不是想像的那麼簡單，守株待兔之所以能成功，兩個前提條件是不能少的，其一，要守住，即不要隨便的走開，要抓住股票不放，而不能總是換來換去地買進賣出。其二，要找對值得守住那一「株」，要知道，並不是所有的「株」前都能遇到兔子，如果找錯了有兔的株，就真成了諺語中的「守株待兔」了，至於如何選擇才能成功，巴菲特在前面已經給出了幾點建議，當然，更詳細的選股法則還會在下面的章節深入地論及。

成功的投資有時需要有所不為。

第二節　要有耐心

投資人除了應該具備準確的分析力，以找準將會長紅的股票之外，還需要培養忍耐的功夫。堅強的自信心，堅定的意志力，堅持不懈的努力，都表現為忍耐的功夫。如果不能穩坐中軍帳，可能就會前功盡棄，煮熟的鴨子在眼前飛走，後悔都來不及。

股價的走勢絕不是一條筆挺向上的直線，而是十分曲折的波浪線，既有上升，也有下降。當看準了行情，做了買賣委託之後，就應該能夠耐得住行情的曲折變化，在沒有確定原先的決定是絕對錯誤的之前，以及在沒有發生令股市飛瀉直下的特殊事件的情況下，就要耐心地等待，直到既定目標的出現，因為股票從不會錯，它總是會走自己要走的路。

買賣股票最忌三心二意，患得患失，忍耐是捕捉機會賺大錢的必要修養。

要有耐心，在你忍無可忍時不妨再忍一忍。每個投資者都應對可能出現意外的短期效果做好資金和精神準備。例如，一九七三—一九七四年很多投資者在證券投資中都遭受到了程度不一的損失，但是如果他們相信自己的判斷，堅持下去，就會在一九七五—一九七六年東山再起、捲土重來，並且能在五年中獲得一五%的年平均報酬率。公司經營的成功往往幾個月、甚至幾年都和它的股票的成功不同步，從長遠看，它們卻是百分之百的相關聯。這種不一致才是賺錢的關鍵，耐心和擁有成功的公司，終將得到厚報。

記住我們的目標是企業，而不是隨時變動的一支股票。千變萬變，企業價值座標不會變。

股市的影響因素眾多，任何事件都會牽動隨時緊繃的投資者的心弦，不同時期所採用的投資方式和投資思路都會有所變化，但千變萬變，企業價值的座標是不會改變的。

這主要包括兩個含義：

一是市場方面的含義，即無論投資高點如何變化，無論政策如何變化，有一點卻是不變的，即股票不僅僅是屬於市場的，更是屬於企業的，而市場的波動是改變不了企業的價值的，也就是說，投資者只要抓住了企業價值這一核心，那麼就可以規避短期市場波動所帶來的風險。

二是價值理念方面的含義，即企業的價值主要展現在營利能力與成長能力上，而營利能力的指標是主營業務收入的持續增長，成長能力則主要是指主營業務利潤率的持續提升。

由此我們得出一個推論，即雖然目前股市市場風雲變幻，走勢捉摸不定，但只要抓住上市公司內在的價值這一堅硬的內核，那麼，即使短期內股價會出現波動，長期持有具有內在價值的上市公司股票則可以規避風險，這就是所謂的以不變應萬變，不變的是企業的內在價值，萬變的是市場變化，政策變化等。

只要認清了這樣一個事實，那麼就不會跟著市場被動地跑動了，就不會疲於跟風，而是笑看別人的無主見沒頭腦，自己也就必然會安然不動，坐收盈利。

價格變動不能驚慌

眾多的投資者一旦看到所持股票增長停滯或下降就會手忙腳亂，立即全部拋掉，棄船而逃，自己精心挑選的企業就這樣前功盡棄了，又變得一無所有了，一切又得從零開始。

另外，沒有耐心的股票投資人，往往在價格出現波動後，就心如火焚。由於他們只在意短期的股價變動、資金的聚散、人氣的起伏，以及種種技術指標的分析，因而情緒也隨之上下波動，接下來就會開始懷疑自己的判斷是否出了差錯。其「價格綜合症」的典型特徵表現為：首先是全身的緊張，進而導致思想的混亂，再下一步就更不足為奇了，把正確的看成錯誤的，認為錯誤的還是正確的，這樣的情況相信很多股票投資人都經歷過，一旦頭腦不清醒了，做出的判斷就會失誤，南轅北轍的事就會發生。

因此，我們首要的任務是培養遇事不慌的能力。如果從一開始就不能控制自己的情緒，那麼，在自己不清醒的時候就告訴自己什麼決定也不要做，逐漸地控制自己，使自己在任何時候都保持冷靜和理性。

不要頭腦發熱

初入股市的股票投資人常犯的另外一個毛病就是頭腦發熱，總以為自己突然發現了一隻黑馬，然後並不分析該股的來龍去脈，還沒有搞清楚股票的走勢，就開始盤算收益了，越想越覺得手中的錢就像小山似的堆起來，此時就完全忘卻了風險的發生，完全處於毫無戒備的狀態，一心想著將要收到手的鴨子，水溝泥炭都忘了去躲避，如此行事怎能不敗？

因此，即使遇到較好的機會，迅速出擊是應該的，但也要備足糧草，不可貿然出擊，要先冷卻自己的頭腦，先仔細的分析市場，只有做到萬無一失才能夠放手去做，否則一招走錯就會滿盤皆輸，切不可像某些投機者那樣，只顧抓機會，而忘了腳下的絆腳石，況且我們的目標是最後的勝利，而不是一時的成功。

這山望著那山高

大多數人的一個通病是，自己擁有的東西總是不如別人的好，自己的電腦不如別人的先進，自己的房子沒有人家的大，甚至總覺得自己苦苦追來的女朋友不如人家的漂亮，如果你總是跟那些優秀的人比，這可能是事實，但實際上我們看到的並不是事物的本質，例如自己的電腦可能不比別人的先進，但可能比他人的穩定，自己的房子雖然不夠大，但位置優越，女朋友不漂亮但溫柔得多等等，這樣一來，自己也就會總是處於優勢。有時候某樣東西在沒有得到之前，無論從哪個角度看都十分優秀讓人夢寐以求，但是，一旦自己擁有了心儀已久的東西，就會發現也不過爾爾，這就是這山望著那山高的典型症狀。一旦你爬上另外一個你嚮往的山頭，你就會立即發現還有很多山要高得多，風景優美得多，這就是人們的獵奇心理。

股市上我們絕對要克服這種心理，一旦認定了自己的股票，就要耐心地守住，而不能有這山望著那山高的心理，否則，你就會不停地更換自己的股票，一方面既增加了成本，另一方面也增加了大量的持倉風險。

要改變自己的慣常思維，要破除自己墨守陳規的習慣，要學會欣賞自己，欣賞自己的決策，這樣做的話不但能夠增強自己的信心，也會讓你寧靜致遠，不會盲目地跟風投機，成功的機率無形中也就增加了許多。

機會不再喪失，心情不再憂鬱，一切都將會變得不同。

第三節 以不變應萬變

股市中的股票有上千家，隨時漲跌，變化叵測。投資者若想在其中獲得收益，若想依靠以變應變，以動制動，必會事倍功半，因為你一旦動起來，其中的不確定因素就會更多，機會就更難以把握，喪失的東西則更多，最終結果是大多數都會敗下陣來。

中國有句古話：萬變不離其宗。

卡爾艾爾佛斯也曾說過：「外界事物變化越多，它們就越會保持本質的東西。」所以我們的對策就是「以不變應萬變」。

世上萬物都在變化，唯一不變的就是「變」。股市則更是如此，所以在股市中更要好的運用「以不變應萬變」的利器。

何謂「不變」？

首先就是投資領域不變，以熟悉程度為度量準則，始終圍繞自己熟悉的領域轉，千萬不要跨越自己的能力圈，否則觸礁的風險性就會大大增加。

其二就是投資方式不要變，自己摸不清的投資方式千萬不要採用，巴菲特對衍生工具「恨之入骨」不無道理，我們一定要遵從大師的告誡。

其三就是，買入後靜觀其變，不要受價格短期波動的影響，不要隨便放棄自己的選擇，要沈住氣，方能成大器。

其四就是心態不要變，要堅持快樂投資的原則，把投資當作一門藝術來欣賞，時刻欣賞自己的決策，不要把股市當作老虎機，作為賭博的場所，保持正確的投資心態，就會使你的判斷更為理性和準確。

何謂「萬變」呢？是不是只坐等漁利就可以了？「萬變」當然不是指無論發生什麼變化都只觀望而不採取行動，這裏的變化包括價格的短期波動，股市的此起彼伏，公司的微調，身邊股票投資人的投資變化以及營利情況等等。因為我們提倡的是做長線，如果有堅定的長期投資期望，那麼短期的價格波動對我們來說就毫無意義，除非它們能夠讓我們有機會以更便宜的價格增加股份。如果這些變化難以影響我們的目標企業，那麼只要目標企業的變動不大，股票在長期內就會十分穩定地增長。如果市場的變動足以影響企業的長期發展，那麼不變的策略就顯得相當愚蠢了。

所以要真正地瞭解「以不變應萬變」之意中的此「不變」非彼「不變」，此「萬變」非彼「萬變」，切不可走極端，認為什麼時候都可以高枕無憂，躺在教條的溫床上睡大覺。理解偏差必定造成結果的不同。

萬變不離其宗，所謂「宗」是指「變」的規律，即本質的內容，變，只是其外在的表現，因此只要掌握了內在的本質，就可以應付其變化。這才是「以不變應萬變」的真諦所在。

投資，以不變應萬變，你能做到嗎？

不變應萬變，靜觀其變，心態不要變。

第四節　穩坐中軍帳

大多數股票投資人如果手裏持有現金，那麼他就會迫不及待地買進股票，總覺得持有現金是浪費資源，恨不得馬上全部換成能生錢的股票。但是，值得我們關注的是，巴菲特在給股票投資人的信中提到，伯克希爾公司在整個二〇〇四年裏，沒有花出去四百三十億美元現金中的一分錢。換言之，這一年裏巴菲特沒有看到任何擁有高內在價值公司的股票降到了足以買進的價位。

「這不是件令人愉快的事情。」巴菲特在信中寫道。雖然沒有找到值得投資的股票而持有現金令人「不愉快」，但巴老的做法卻是相當穩健的，因為這總比沒有找到好股卻買進一堆垃圾股票要好，持有高風險的股票將不止令人「不愉快」，它甚至會讓人哭，甚至會成為終結者。

巴老之所以能夠穩坐中軍帳，而不為市場所誘惑，是因為他始終把投資安全放在第一位，沒有把握的投資堅決不做，這是他的首要原則，即使大量的現金不能進入市場增值，但保值是底線。因為一旦資金的安全發生問題，那麼一切就無從談起，資金是投資的根本，巧婦難為無米之炊，一旦缺少資金，再好的機會也會抓不住，只能望其興歎。

即使市場有變，也要運移而不失其中，而不能像股市本身一樣變化無常，兵無章法。

一般來說，經濟景氣不良、通貨膨脹明顯時，為了配合大經濟環境和時局變化，投資專家莫不鼓勵投資人增加變現性較高且安全性也不錯的投資比例，也就是投資策略宜修正為保守路線，維持固定而安全的投資獲利，靜觀其變，忍而後動。景氣復甦，投資環境活躍時，則可適時適量地提高獲利性較佳的投資比例。

持股觀望，並不是要股票投資人消極等待，從個股的角度來講，要抓住股票背後的企業不放，企業的大幅度變化會影響股票的走勢，因此要分析企業策略的變動對股市的影響，吃透股票跌漲的走勢，只有充分瞭解企業的變化，做到心中有數，萬無一失，方能穩坐釣魚臺，不為無關大局的變化所迷惑。

投資安全擺第一，運移不失其中。

第五節　實戰剖析

「就算有特殊的內幕消息告訴我未來兩年的貨幣政策，我也不會改變我的任何一個作為。」──股神巴菲特這樣說。巴菲特高瞻遠矚，看的不只是近期的股市，甚至不只是兩年內的股市，這就是投資大師的過人之處。所以投資者不能像投機者那樣與市場短兵相接，進行殘酷的肉搏戰，要放眼未來，以戰略性優勢取得最終的勝利。

一向以「股神」著稱的巴菲特，居然接連兩年在股票投資上無所作為，這對伯克希爾公司的業績表現也有極大地影響。今年三月，該公司公佈的營利報告顯示，去年淨利潤下降一〇%，由二〇〇三年的近八十二億美元減至七十三億美元。相較於美國股市的總體表現，巴菲特在股市上的投資業績最近幾年出現了明顯下滑的跡象。

以標準普爾五〇〇指數為例，該指數成分股在二〇〇三年和二〇〇四年的平均帳面淨值增長率分別達到二八．七%和一〇．九%，均超過了巴菲特的伯克希爾公司。與股市投資不景氣相對應的是，伯克希爾公司的現金大量閒置，截至去年十二月，公司的現金存量由二〇〇三年的三百六十億美元升至四百三十億美元。

人們對股神投資業績的下滑表現得相當關注，不少媒體認為巴菲特已經是強弩之末了，他在股市上的表現不會再像以前那麼搶眼，不會再有出色的令人驚歎的傑作了。巴菲特本人也承認，去年他作為伯克希爾董事長兼首席執行官的表現不盡如人意，主要原因是一直沒有找到新的投資目標，導致大量的資金閒置。

眾所周知，巴菲特賴以成名的業績就是在低谷發掘物美價廉的上市公司進而實施收購，然後靜觀其回升，這是他最為經典的投資手法。並有分析師認為，巴菲特之所以難以找到物美價廉的收購目標，主要是因為去年的併購市場異常的活躍，是典型的賣方市場，巴菲特的機會少得可憐。

然而，股神畢竟是股神，作為公眾心目中的偶像，哪怕只是他偶爾的業績不佳，人們也不會予以放過，總是不失時機地加以炒作令其難堪和尷尬。但作為股神，巴菲特並沒有為了迎合大眾的口味和猜想而進行冒險的操作，市場就是市場，而不是娛樂場，股市是不容人們輕視的，你的哪怕一丁點錯誤都會得到報應，所以即使閒置資金也不是一般高手能夠做到的，只有股神才能擔得起股市沉浮。急於在股市尋找機會的人，往往會為自己的魯莽付出沉重的代價。

我們對股神的做法不但不應小看，還要認真的學習，老手的經驗誠然可靠，如何取其精華才是上策。

放眼未來，以戰略性優勢取得最終的勝利。

請永遠記住：
「非淡泊無以明志，非寧靜無以致遠」，只有志向明確堅定，守得住真性情，
耐得住真寂寞，才能在股市廝殺中坐看風雲變幻，我自巍然不動。

Gold Edition Warren Buffett 9

忠告六

不當負翁做富翁

人們總想靠負債來投資，做無本生意，然而負債總是有害的，只有持有現金才是最安全的。

■巴菲特

如果操作得法，再遇上天賜良機，股市就會變成一台提款機，這樣的誘惑自不待言，馬克思在評論資本時曾說過：「一旦有適當的利潤，資本就膽大起來。如果有五〇％的利潤，他就鋌而走險；如果有一〇〇％的利潤，他就敢踐踏一切人間法律；如果有三〇〇％的利潤，他就敢犯任何罪行，甚至冒絞首的危險。」當然，馬克思的評論並不能來說明今天投資的問題，但這足以說明了利潤的誘惑力。股市的利潤率並不是固定的常量，低時可令投資者傾家蕩產，高時可以令投資者一夜暴富，這就足以讓部分投資者的心跳動起來，舉債投資。

股市的高風險一直令人望而生畏，所以有不少股票投資人就想盡方法地靠拿別人的錢來投資，這樣一來，不光不用佔用自己的資金，另外，即使暫時賺不到錢，資金被套牢，仍然可以向借錢人推脫，最後如果真的賠了錢，不少人還會以賺回本錢為由繼續舉債。

舉債投資的後果就像舉債賭博，輸的不只是資金……。

當然，有些人之所以借錢炒股票，是因為他們自認為擁有一套完美的投資理論，只是苦於沒有資金支援，難以一展宏圖，遂到處遊說以達到籌集資本的目的。借雞生蛋來賺錢的想法是十分誘人的，但同時也是愚蠢的，尤其是在股票投資的領域中。

作為令人驚歎的股市投資者，巴菲特極少舉債投資，這是他從最初開始投資時，就一直嚴格奉行的一個原則。

在投資領域裏，當絕大多數的投資者負債累累、捉襟見肘的時候，巴菲特卻能夠巍然不動、揮灑自如。他不僅不負債，而且還掌握著充足的現金，使他有能力隨時抓住股市中轉瞬即逝的投資機會。

低債務標準和隨時充足的現金，使得巴菲特有能力不放棄任何來到眼前的投資機會，而不像那些負債的傢伙只能望之興歎。舉債炒股票不只是不能抓住機會那麼簡單，借雞生蛋往往會導致雞飛蛋打，後果就可想而知了。

總想以負債來投資的投資者註定是會失敗的，不良的負債是投資者的大敵，是一個隨時會爆炸的定時炸彈。

負債宛如孫悟空頭上的緊箍咒，它隨時束縛你的行動，讓你難以來去自如，要想成為真正的富翁就要遠離負債，輕鬆上陣。

第一節　空手套白狼？

空手套白狼的商業創業模式並不少見，據報導披露其中的「成功者」也不乏其人，所謂的「成功人士」大都被人們稱為學習的榜樣，很多股票投資人也總想自己能赤手空拳、以小博大施展一回拳腳。

不花自己半點成本就能賺到大錢，估計巴菲特也求之不得，但為什麼他卻沒有賦之於實行呢？天上掉餡餅的事絕對沒有，免費的午餐也是要付出代價的，因此我們不能苛求上天的垂青和青睞，尤其在股市裏，靠舉債發家更是難上加難。

商業創業與股市投資是有差別的，而且差別巨大，一個是實體經濟一個是虛擬經濟，這種本質上的差異使得兩者的操作模式有著本質的不同。

在商業創業中，大凡空手套白狼成功的案例都存在一個必然的條件，那就是，這種創業模式即使失敗，也不會虧本，大不了交易不能進行，賺不到錢而已。玩空手道的行家多是做中間人，拿別人的錢去和對方做交易，自己從中間賺取差價，絲毫不用佔用自己的資金。

股市上的投資則更為危險，不成功則成仁，因此，股市投資切忌夢想空手套白狼的好事。不要借債，否則，一旦陰溝裏翻船，以長期固定利率的方式進行貸款，將害人害己，貽害無窮。

講一個十幾年前股市中「借雞生蛋」的故事。

十幾年台北股市一路狂飆站上了一萬兩千點的高峰，每個人不論懂不懂股票，談的都是股價飆漲的事情；那時候，無論是在辦公室、還是在公園角落，甚至是菜市場裡；不管是賣魚的、賣肉的還是賣菜的，見面三句不離股票行情，就連買菜順便作股票的家庭主婦，也因此而得到台灣股市專有的美麗暱稱——『菜籃族』，股票交易買賣當時可以說是一個全民運動，明牌到處飛揚；但是當指數從最高點反轉直瀉而下時，到處哀鴻遍野，一片慘不忍睹情景至今仍讓人記憶猶新！

小吳早期轉戰商場，辛辛苦苦儲存的五十多萬元資金於當時也投入了台北股市。奈何正值台股指數飛瀉直下，從一萬兩千點多點一路狂瀉跌破到六千點大關，他的股票市值也只剩下不到二十萬元。

當時股市一蹶不振，人心渙散……但小吳並未因此放棄，他從大盤指數、K線圖、成交量等因素進行深入分析後，認定大盤已經觸底了，反彈走高的條件已經具備，遂積極籌措資金，想來個海底撈月、鹹魚翻身，以彌補前期損失。

他得知昔日好友老張現已是某公司的財務負責人，手中掌握著一筆暫時用不到的資金，他靈機一動就去找好友老張講明來意，暫借資金一百萬元，報酬優厚。

老張心想：按公司的慣性做法是每到年底才會結賬，這筆資金暫時不用就做個順水人情，只要十二月中旬之前到賬就行，神不知鬼不覺的。況且雖然自己從不玩股票，但也略知一二，又覺得小吳對當前股市的分析很有道理，應該不會有什麼差錯。就這樣，小吳從老張處籌措來一百萬元，陸續收集低價籌碼，坐等大勢反轉，股價飛漲。無料天不從人願，股票股指並未止跌回升，指數持續跌到了五千點大關。

真是屋漏偏逢連夜雨，船破又遭打頭風。正當股市跌得一塌糊塗時，老張來催款了，說公司急需要這筆資金購買一批原材料，小吳躲避不敢見他，老張連夜找到小吳住處跪地請求，急需資金到賬，否則挪用公款將會去坐監獄。

小吳聞得此言猶如五雷轟頂。按理約定是十二月份還款，現在不還也不算有錯，但如果不還，好友全家就要遭殃了；若立即不計血本清倉湊款還貸，此時股指只有五千多點，股價又打了八折，即使能湊集一百萬元，但自己也將血本無歸徹底破產。

出於義氣，小吳決定全部以跌停價拋售，但當時人氣低落，即使以跌停掛出也少有接盤。股友們都考慮到當時已不是盈虧問題而是救命問題了，小吳就把實情告訴了交易所的大戶股友們，大家仗義把小吳剩下的股票全部收購，七拼八湊總算湊齊了一百萬元，還了借款。

數周後，當時的財政部為了挽救低迷的股市，重振經濟，宣佈了三大利多挽救市政策，股指一天就上漲一百多點，但小吳此時已經兩手空空，貧困潦倒，手中既無股票也無現錢了，他一天到晚不停地哀歎自己時運不佳，命運不濟。

「借雞生蛋」並不是我們想像的那麼簡單，否則就沒有人賠自己的錢了，如果不能準確地把握大勢，後果將不堪設想。

借雞下蛋不成反蝕一把米，這樣的教訓我們不能不記取。即使擁有雄厚資金實力的企業也可能遭遇不測陰溝裏翻船，眾多因「借雞生蛋」而走上絕路的實例證明，指望靠別人的錢來賺自己的錢是不可行的，這一招常存在著相當大的風險，這種風險其實是一種不可控制的風險，其兇險程度是難以預料的。

我們的判斷一旦出現失誤，就會導致雞飛蛋打，不可收拾的局面，甚至可能走上窮途末路。面對諸多「借雞下蛋」的危機事件，我們要汲取教訓，改變這種對股市投資來說極度危險的投資模式，變借雞生蛋為養雞生蛋，這才是馳騁股市的長久之道。

變借雞生蛋為養雞生蛋，這才是馳騁股市的長久之道。

第二節　安全第一，注意保本

股市投資，資金安全是第一位的，如果資金的安全性出了問題，那就意味著投資的徹底失敗。「先求保本後講賺錢」是股市中的一句格言，無論在什麼情況下，保本都是要最先考慮的，只有維持資金的保值，才能夠實現增值。

當股市活躍難以做出準確判斷時，投資人更應該首先考慮用保本投資法來避免自己的本金遭受損失。

最近一段時間恰逢全球性金融風暴，股市前景難以預料。我的朋友前段時間買入的成分股，最近也是先平本出來了，他本人對我講：「現在看不懂就退出觀望，無形中先迴避風險。當然，即使錯過了機會，心理也應該十分坦然！只要錢回到手中，就不怕沒有機會。」朋友心裏很是平靜，「現階段還是先收回拳頭，等待有機會再打出去吧！如果住進套房，那麼再想回頭就悔之晚矣，所以時時把主動性掌握在自己手中非常重要。立於不敗之地而再求後勝！」朋友信心十足。也許這就叫做「手裏有『糧』，心裏不慌」吧？

保本是底線

投資股票是用錢生錢的行業，一旦你的本錢沒有了，就相當於你下蛋的雞就沒有了，你也就失業了。

無論你能遇到多麼好的機會，如果手頭沒有本金，你也只能乾著急。凡股市投資小有名氣者，都會建議股票投資人儘量保住你的本金，以圖發展。

保本是最根本的底線，無論預期的收益是多麼誘人，都不要放手去搏，不計後果。如果突破了這一底線，洪水猛獸就不再是神話，隨時都有可能向你横衝直撞而來，所以要時刻謹記賺錢的底線是保本！

投資的同時又是和自己博弈，如果虧了錢，大部分人都難以割捨，就會一心等著自己的股票再次翻盤，於是越等虧的越多。如果在一支股票上虧太多的話，就會對自信心造成沉重的打擊。

保本投資

在經濟欠景氣，股價走勢脫節，行情變化無常時，投資人即可用保本投資法來避免自己的本金遭受大的損失。保本投資法就是指避免血本耗盡的一種投資操作方法。

投資人採用保本投資法時，必須要對自己的「本」有所概念。這裏所指的「本」，並不是你用於購買股票的總金額，而是指你心目中所能接受的在最壞的情況下所損失金額後剩下的金額，即你所能接受的損失極限。

投資人對自己所能獲得的利潤和所能承受的風險都是有預期的，如果超出自己的預期，就是所謂的極限，這時就要考慮自己是否應該退出。保本投資中的「本」，並不是表示投資人用於購買股票的總金額，而是所能接受的餘額底線，這些餘額是不能再虧損了，也即所謂停損點的基本金額。

保本投資法的基本思想是，任何人的本金都是有限的，對風險的承受度也是有限的，保本投資就是使自己的投資虧損始終控制在自己能夠承受的範圍之內，使自己的投資能夠繼續進行，而不至於血本無歸，落個窮途末路的下場。所以這種投資方法的關鍵在於賣出的決策。為做出明智決策，投資者必須首先訂出自己心中預期的「本」，即不容許虧損淨盡的那一部分，其次是確定獲利賣出點，最後需要明確的是停損點。

確定獲利賣出點是針對行情上漲所採取的保本投資策略。獲利賣出點是指股投資人在獲得一定數額的投資利潤時，決定賣出的那一點，這時的賣出，不一定是將所有持股全部拋出，而是賣出其所欲保的「本」的那一部分。例如，當天投資者十萬元買入一萬股某股票後遇其上漲，投資者要保之本是這十萬元的八成，當該股升至十二元時，投資者出脫一千股獲取既得利潤；所餘九百股，其市價總值實質仍為一萬元，與當初的投入資金總額相同。此後該股盤則不管，再升一〇%，即股價推到十三‧二元時，又賣出一千股，使持股帳面值仍保持十萬左右，依此類推。這樣持股的數量不斷遞減，其市價總值卻一直在十萬元附近，帳戶的現金利潤卻在不斷增長。這便是行情上漲時採取的保本投資法。

保本投資法正好與股市中的一條投資法則相吻合，即：遇有虧損立刻賣出，遇到賺錢時卻不要急於脫手。

保本投資法完全是理性投資法，已經把進入退出的底線量化，根本不存在可以商量的餘地，如果完全按照這樣的投資計畫行事，肯定會保住自己的老本。假設你已經有了一定的投資股票經歷，那麼，對你而言，這樣的保本法是不是容易執行呢？賺錢時你會有什麼感覺？通常你會在內心指責自己為什麼開始的時候不多買一些，如果這時手頭上還有資金的話肯定拿來全部投進去，抓住賺錢的機會多麼不容易啊！怎麼會在這個時候撤出本金呢？但如果你給自己設定了底線，那麼就應該當機立斷，否則是極其危險的。

一旦股票下跌，你的噩夢就開始了。如果股票在下跌，你總是希望這是最後一天，如果剛剛有小小的反彈，你就會把它看成大漲前的預兆，很快這支股票可能跌得更低，你的心情就會變得更糟，你也就會失去理性的判斷力。

保本投資切忌貪婪。一九六〇年的美國股市牛氣沖天，到了一九六九年整個華爾街進入了投機的瘋狂階段，每個人都希望手中已經漲了數倍的股票一直漲下去。面對連創新高的股市，巴菲特卻在手中股票漲到二〇%的時候就非常冷靜地悉數全拋。後來，股票出現大幅下跌，貪婪的投資者有的血本無歸，有的傾家蕩產。

然而，你對風險的承受力指的是什麼呢？最簡單的方法就是問自己睡得好嗎？如果你對某支股票擔憂到睡不著，表示你承擔了太大的風險。

賣掉一部分股票，直到你覺得自己睡得好為止。把「保本」這個概念牢牢地記在心裏，你在投資股票時每犯一次錯，你的體會就會深一層，時間一久，你就知道該怎樣做了。

保本產品

有這麼一位股票投資人，前些年就把不少辛苦錢都投到股市上了，在那幾年股市熱絡的時候的確賺了不少錢，「幾乎每年總有個行情，只要抓住這個行情多少總能賺點錢，但最近兩年這個股市不知怎麼了，幾乎沒有什麼行情，想要再賺點錢實在是太難了。」這就是如今這位股票投資人發自肺腑的感慨。因為，他有好幾次買的股票幾乎都套牢了，就再次追加資金進去，想攤低投資成本，結果到頭來，還是被套，算算現在的市值連原來的本錢都輸掉一半了，所以現在下定決心，再怎麼有餘錢也不前赴後繼了。「連本都保不住，還投什麼資？投資首先要有保本前提，然後再追求比銀行利息高一些的收益。」

雖然投資產品很多，但由於一般中小投資者缺乏資金實力和專業知識，難以參與一些衍生金融產品的交易，這樣就失去了不少的投資機會。而保本基金能充分利用各種金融工具對資金進行保值增值，並且能夠吸收中小資金參與，以致在投資策略上做到「進可攻、退可守」，在保證資金安全的前提下，獲得大大超過銀行定存的收益。由此，保本基金規模的快速增長就很容易理解了。

有一項對基金客戶的調查顯示，六二%的客戶偏好中等風險、中等收益的投資品種，一七%的客戶偏好低風險、低收益的投資品種；而在基金的潛在客戶中，四四%的客戶偏好中等風險、中等收益，四十二%的客戶偏好低風險、低收益。在近期的市場條件下，投資者更需要一種低風險、穩健增長和本金可保證的投資品種。

基於股票投資人對保本意願的強烈要求，如今保本理財的投資產品逐漸走俏了起來，如果你想把投資的安全性放在第一位，那麼，保本理財就是最好的選擇。

除了上面提到的保本基金，銀行和券商也紛紛推出保本型的平衡型理財基金：各銀行或理財投資顧問公司推行的理財商品，投資報酬率要遠高於銀行同期的存款利率；如中信證券正向財政部報送其規劃的保本型集合理財產品，這就給希望保本投資的投資者提供更多的選擇空間。

其實，除了基金等綜合型理財產品外，傳統的債券投資風險也比較小，只要你是到期兌付，一般報酬率都遠高於銀行定期儲蓄，安全性也很較高。特別是銀行代售的政府公債經常一推出就引發投資大眾排隊認購，但一般投資者平時想要購買往往很難如願。

由於市場普遍存在不斷加息預期，投資債券的風險顯現，長期債券的風險更大些，但公債的報酬率相對銀行存款利率還是有很大的獲益空間。

總而言之，保本理財最大的缺陷在於流動性較差，不管是保本基金，還是綜合理財產品或是債券，它們都或有期限限制，一般期限是一年至三年，這就意味著在投資期限內你的這部分保本資金不能隨便流動，如果要贖回或兌付，可能就不能保本。保本基金是到期保本，提前贖回，只能按淨值贖回，目前保本基金的淨值都在面值附近，如果贖回，再支付手續費，那一定是保不了本的。

與大多數保本理財產品的流動性差相比，貨幣市場基金則有著較顯著的優勢，它被認為是一種儲蓄替代品，不僅可以獲得比銀行定期存款高的收益率，而且具有很好的流動性，申購和贖回都很方便。

股市投資，資金安全第一；先求保本後講賺錢。

第三節　量體裁衣，遊刃有餘

巴菲特告誡投資者：「要永遠持有一部分現金，不要將錢全部投入股市。」一旦把錢投入股市中，這些錢的流動性就受到了限制，就不能隨便的取出作為他用，除非你不計虧損的成本。

股市中的機會飄忽不定，說不定什麼時候就來光顧你了，如果你把錢全部都投進股市了，你就沒有能力再來抓住眼前的機會。要根據自己資金的實力，量身訂作，來決定自己應該投入多少，做到遊刃有餘，任何時候都不受資金的限制。當然，更不能超出自己的負擔範圍。

每個人的情況都有差異，因此，股市投資要根據自己的情況而定，尤其是對散戶而言，量力而為更為重要。例如，老沈上有老母下有妻小，在某貿易公司任部門經理，每月有幾萬元的收入，他有送孩子出國讀書的念頭，因此，他的投資就可偏重長期的穩定型投資。但相對於上了年紀的老謝，雖無牽無掛，但除了身上早期的那些存款以外別無收入，而且自己身體脆弱，百病纏身，對他來說能夠隨時變現的保本基金可能是再合適不過了。

另外，不論對誰來講，不能把所有的錢都投進股市，一是股市的風險很大，如果畢其功於一役，那麼如果慘遭失利就會一無所有，連翻本的機會也喪失了。

投資股票就是用錢賺錢的行業，一旦你連本金都沒有了，那麼你就相當於失業了，更糟糕的事情是——你不夠幸運落得個破產的下場。巧婦難為無米之炊，無論你明天撞見多麼好的機會，手頭沒有本金，你也只能乾著急的份兒。

巴菲特隨時都掌握著充足的現金，這就使得他在股市上遊刃有餘，不受資金的限制，一旦遇到求之不得但又會轉瞬即逝的機遇，只有擁有現金的巴老才能如魚得水，一展宏圖。

所以，投資股票要從長計議，切不可藏頭露尾，只爭朝夕；要制定長遠的計畫，給自己留足餘地，時刻備足糧草，以應付不時之需，這一點不但在戰略上是重要的，在戰術上也是必須的。

農民有諺：「手裏有糧，心裏不慌。」只有勇氣十足才有信心做事，如果心裏都不穩固了，怎麼能理性的處理投資呢？

巴菲特深諳此術，隨時都掌握著充足的現金，這使得他在股市上遊刃有餘，不受資金的限制，一旦遇到求之不得但又會轉瞬即逝的機遇，只有擁有現金的巴老才能如魚得水，大展宏圖。

要根據自己資金的實力，量身訂作，來決定自己應該投入多少，做到遊刃有餘，任何時候都不受資金的限制。

第四節 有備無患，天衣無縫

要做到遊刃有餘，周詳的資金運用計畫是不可或缺的，這是做到心中有數的必備條件。巧婦難為無米之炊，投資的資金就是我們賴以生存的「米」，大米有限且重要，當然不能任意浪費和揮霍，更不能拿到股市去「賭一賭」，因此巧婦如何將有限的「米」用來做一鍋好飯，便成為極其重要的課題。

在腥風血雨的股市裏，如何最妥善地運用你手中的資金，使你在任何事情發生的情況下，都有充裕的空間來調度，而不至於捉襟見肘，這便是一個好的資金運用計畫不可或缺的原因。

大多數的股市投資者一般都將注意力集中在市場價格的漲跌上，而且願意花大量的時間去打探各種利多利空的內部消息，研究行情，研究人氣，研究基本因素對股市走向的影響，研究技術指標做技術分析，希望能得出可靠的市場預測，當然這些工作也是十分必要的，但是，他們卻常常忽略更為重要的工作是——「資金的分配調度和計畫」。兵法有言，兵馬未動，糧草先行，股市投資亦如此。

良好的資金運用計畫需要滿足的標準就是：

首先是合理的分配在各專案上的投資金額，使得資金的分配井然有序；

其二就是隨時預留一部分現金以備他用；

其三就是使得資金的運用風險最小。

總之，資金運用計畫只要使自己能夠進退自如，伸縮有度，就是明智的做法。當然資金的具體運用是仁者見仁，智者見智，即使別人的計畫再完美也不一定適合自己，再有效的計畫也要經過個人的融會貫通才能立竿見影，切不可生搬硬套，這點請投資人千萬記住。例如，說到分散風險投資，有人將五十萬資金平均分成若干份分別投資於不同的股票市場和不同的股票之上：花十萬買銀行股票，十萬買科技類股，十萬買通訊類股，十萬買電子股，最後十萬留做流動資金，以備不時之需。初看起來，這樣的資金分配計畫似乎十分合理，既是分行業類別投入不同的市場，均勻分配，無偏無倚，另外還有備用資金，可謂天衣無縫。

但這樣的資金分配其實毫無用處。這樣的操作，先是產生不了分散風險的作用，反而更容易增加投資的風險。如果五種投資裏有三種行情下滑，他馬上就會亂了陣腳，無從應付突如其來的變化。就

不利，已經處於熊市，此時投資者也要當機立斷，抓住每一次反彈的機會逢高減持，然後退市觀望，以待新的投資機會。

三、順水推舟，攤低成本

股價有下跌也必有上揚，而不會只跌不漲，或者只漲不跌，因此，如果手中的股票開始下跌，則必有回漲的時候，根據這一規律，我們可以採取向下加碼跟進以分攤成本的操作方法。即隨著股價的下跌，不但不拋，而逐漸加碼買進，這樣就逐漸攤平了最初的買入成本，股市稍有上揚即可解套換回本金。

加碼買進的方法有如下幾種，如倍數加碼法、平均加碼法、加權加碼法等。在此我們將以容易操作的「金字塔加碼法」為例進行說明。所謂「金字塔加碼法」是指在高位套牢後，隨著股價每跌破一個整數價位，便遞增加碼買進該股票，直到觸底為止。例如：以每股十五元價格買進某股票一千股，跌至十四元時，加碼買進一千股，跌至十三元時，又加碼買進二千股，繼續下跌至十二元時，再加碼買進三千股，以此類推。直到該股止跌回升，只需小幅度上漲即可解套。

採取加碼買進的方法必須注意的兩點是：一要有詳實的資金運用計畫，不可一次將資金全部投入，這樣一旦股價下跌就沒有跟進的資金了，另外也不要急於大量跟進，否則資金會被大量的佔用，如果股價持續下跌就難以收拾，而陷於被動。二是要保證加碼買進的股票其基本面沒有本質性的變化，股價屬於正常跌落的範圍，如果股票基本面發生了本質的變化，那麼加碼買進只會讓你賠得更多。

四、有賣有買，左右平衡

如果投資者手上同時持有幾種股票，且幾種股票的漲跌不同時，就可以採取左右平衡的方法進行解套，將已經解套的個股分批賣出，賣出的同時，另外加碼買進強勢股，這樣則可以從買進強勢股中獲利以彌補損失。

尋求解套的股票投資人應當審時度勢，細緻謹慎，採取步步為營，穩紮穩打的戰術，同時，為了避免套牢，應堅持以下幾條原則：

一、堅持「安全第一，注意保本」的原則，控制資金入市的比例。

二、遇漲不貪婪，遇跌不心慌，理性分析為主。

三、注意以不變應萬變，切不可隨風飄。

第六節　不做負翁做富翁

我覺得十分有必要利用單獨一節來強調負債的問題。還是巴菲特的那句話：「……負債總是有害的，只有持有現金才是最安全的。」

巴菲特自己從初入股市時就十分嚴格地執行這一原則：堅決不負債！當然，在我們看來巴老有更為聰明的辦法來解決資金問題。其實在很早之前，巴菲特就創造性地發現了一個金融秘密：保險公司的財務槓桿，可以在短時間內籌集到巨額資金，而不用付利息和償還風險。

巴菲特的資產之所以能夠以滾雪球的速度穩定地增值，就是起源於對一家小保險公司的收購，保險資產為他提供了穩定的、隨時可供使用的巨額資金，而這筆資金幾乎毫無成本，既不用付利息，又不用為其背負債務。這就是巴老的高人之處。如果你沒有如此好的資金來源，千萬不要負債，如果資金有困難，可以採取以固定利率從銀行長期貸款的形式，當然這也是最後的籌碼。

Gold Edition Warren Buffett 9

忠告七

價值投資才是金

尋找引人矚目的公司。該公司必須由維護股東權益的管理人員來運營，公司的股價必須有吸引力，同時市價也沒有高估此企業。

——巴菲特

巴菲特自始至終都把投資的大部分時間花在選擇具有前景的公司上面，巴菲特自己坦言：「我從不試圖透過股票賺錢。我購買股票的基礎是，假設他們次日關閉股市，或在五年之內不再重新開放股市，我也可以高枕無憂。」因此，對巴菲特來說，股市的變化就不再非比尋常，市場反應是否有效也不再重要，惟一重要的和需要特別關注的是企業的經營前景。

在第一章中，我們已經明確地說明，巴菲特始終是以企業投資人的態度來選擇股票的，而不是靠研究股價變動來判斷是否買入某種股票，他把那種做法稱為純粹的投機，並且對此嗤之以鼻。

巴菲特充分貫徹了價值投資理論的原則，始終把企業價值放在第一位，而從不把過多的精力放在對他來說毫無意義的股價波動上。在說明自己選股的原則時他常常這樣來解釋：「從短期來看，市場是一個投票計算器。但從長期看，它是一架秤重器。」所以，只有真正具有良好前景的公司才值得擁有。

透過價值判斷，巴菲特絕不會去購買任何沒有潛力、或已經被貼上待售標籤的公司。以內在價值為基礎，他選中的都是那些在這一領域數一數二的優秀的公司。而且這些公司的管理層還必須願意繼續留下來保證公司的正常運轉。就是這種價值投資取向讓巴菲特所向披靡、戰無不勝、征無不服，同時又避免了股價波動的風險。

第一節 獨具慧眼搶先機

巴菲特曾經說過，股市投資要學習的最重要的一門課是：如何評估一家公司，以及如何考慮市場價格。能否在眾多公司中找出傑出的幾個公司，是決定投資能否成功的關鍵。

當一般的股票投資人還在進行海底撈針式地公司選擇時，而你已經掌握了優秀的公司，你就能夠搶得先機，比別人早一步進市。選擇優秀的公司其重要性不言而喻，因此要做學會相馬的伯樂。

企業邏輯

透過對巴菲特的不斷瞭解，你就會發現他就像一個收藏家，而且是一個非常有眼力的收藏家。他並不像一般有錢的富翁那樣搜集名畫、豪宅、古玩、遊艇以及其他華麗的東西來炫耀或者附庸風雅，巴菲特專門搜集具有經營潛力的好公司。在這一生中他花費相當多的時間來尋找好的企業進行投資，這些優秀的企業也成就了這位收藏家，使他成為股市上最為耀眼的一顆明星。

人們總結了巴菲特這位伯樂相馬的準則，提出了巴菲特投資的企業邏輯：

一、因為我把自己當成是企業的經營者，所以我成為優秀的投資人。

因為我把自己當成投資人，所以我成為優秀的企業經營者。巴菲特與所投資的企業是共生存共命運的。

二、好的企業比好的價格更重要。

巴菲特一直以來都是只看重企業的質量，對股票的價格則漠不關心。

三、窮其一生追求消費壟斷企業。

巴菲特最為熟悉的行業就是消費壟斷企業，從巴菲特的投資構成來看，道路、媒體、煤炭、電力等資源壟斷型企業佔了相當大的比例，這類企業一般是外資入市併購的首選，同時獨特的行業優勢也能確保效益的平穩。巴菲特對這些企業從來都是愛不釋手的。

四、最終決定公司股價的是公司的實質價值。

巴菲特對當前股價的波動並不感冒，只要公司的實際價值並沒有發生大的變化，對他來說，股價的波動就像每天的日出日落一樣地自然。

五、沒有任何時間適合將最優秀的企業脫手。

巴菲特曾經說：「我手中的企業，無論發生什麼情況我都捨不得拋。」從這句話可以看出，巴菲特對自己的眼光的信心和對好的企業的信心是矢志不渝的。

巴菲特的價值投資理念令他受益無窮，他所堅守的企業定律也是基於一般人都能理解的各種認識：

- 把自己當作企業的投資者，以保證自己能從企業運營的角度來看待企業；以企業的實際價值來衡量股價，做到表裏如一；
- 始終持有優秀企業的股票，而不是頻繁地換來換去，這對減少風險，把握機會十分重要。
- 從企業的立場出發，同時，以企業投資者的心態進行投資。

這就是巴菲特購買企業的理念。它是如此地簡單，又是如此地引人入勝，因為對我們來說，最簡單的反而最容易被我們忽略和小視。但是，只要將大師的投資理念融會貫通，相信你同樣可以獲得成功。

高屋建瓴

伯樂相馬不是盲人摸象，只看局部不看整體，因此，首先要對公司有一個宏觀上的把握。巴菲特就是獨具慧眼的老手，他每年選擇的公司都是十分出色的公司，根據多年的實踐總結，巴菲特形成了一套自己的相馬聖經，譽為巴菲特的企業定律，他認為觀察一個公司的總體情況應從以下一些方面去考慮：

一、公司是否簡單易於瞭解。

巴菲特與一般投資者只注重概念、板塊等的投資方式不同，凡是投資的股票必須是自己瞭若指掌，並且是具有較好的行業前景的企業。不熟悉、前途莫測的企業即使被傳說得天花亂墜巴菲特也毫不動心。

因此，首先要知道要進行觀察的公司是否容易瞭解，一些相關的重要資料是否能夠輕易獲得，公司的經營範圍、註冊資金、股東、法人、公司地址、子公司及其有聯繫的公司等等這些重要的基本資料是否都可以比較詳細地得到。如果是一家來源不明你對其一無所知的公司，那你就要十分的謹慎才行。

二、公司是否有穩定的經營史。

一個公司的經營歷史就像一個人的過去經歷，從一個人的經歷可以大致準確地判斷出這個人的未來發展，因此，公司的經營歷史相當重要，觀察一家公司時切不可忽視該公司的歷史，要注意該公司的過去經營是否穩定，是否有過經營困難的時候以及如何應付這些困難的，該公司是否有過併購重組的歷史，以及該公司是否有過違規經營的歷史這種十分具體的細節最好也能夠瞭解，只有把握住了它的歷史，才能對它的未來有個較為準確的把握。

三、公司的管理層。

巴菲特總是青睞那些經營穩健、講究誠信、分紅回報高的企業，進而使得他能夠最大限度地避免股價波動，確保投資的保值和增值。但是，與此同時，對於那些總想利用配股、增資等途徑榨取投資者血汗的企業巴菲特則一概拒之門外。火車跑得快，全靠車頭帶，公司的發展靠的就是公司的管理層，只有具有一個素質優良、團隊合作精神佳的管理團隊，公司的發展才能有保證。如果管理層的狀況不佳，各方的態度不統一，甚至勾心鬥角，此時，就需要對公司進行更為長久的觀察，以等待公司做出調整形成更為團結穩定的管理層。另外，公司的高層是否始終以股東利益為重也很重要，只有始終把股東利益放在第一位的公司高層，才能充分保證股東的權益不受侵害。

四、穩健的財務狀況。

穩健的財務狀況是公司賴以發展的第一保證，財務狀況反應了一家公司的資產、損益、資金變動情況，同時也表現了其營利和支付能力，所以公司是否具有穩健的財務狀況是關係到公司興衰存亡的重要指標，因此，一定要瞭解你所要投資的公司的財務狀況，如果公司的財務有問題，還是趁早做退市打算，不要妄想把資金投入這樣的公司來賺錢，這是致命的。

五、公司的銷售和經營效率。

公司的銷售直接關係到公司資金的回流情況，是公司的造血系統，如果公司的銷售欠佳甚至停滯，有太多的存貨，那麼公司的造血功能就沒有發揮它應有的作用，可以肯定的是，公司的財務狀況不久就會惡化，並直接影響到公司的生存。因此，要注意目標公司的銷售情況。

六、公司的固定資產回報率高。

七、公司的發展前景是否被人看好。

股市投資收益取決於股價的未來走向，而不僅僅是你買入賣出時的價格，因此，只有公司的未來前景被人看好，股價才可能上揚。從長期來看，公司能否持續發展決定了其股價的未來走向，因而，一定要投資那些有光明的未來前景的公司，因為公司未來的股價決定了你投資的成敗。

以上這些指標是關係到公司全局的重要指標，因此，如果想從整體上來瞭解一家公司，那麼這些指標是必備的，只要其中有一個指標不盡如人意，你就需要慎重考慮是否決定投資。

庖丁解牛

對公司的總體瞭解當然很重要，這是觀察一家公司的第一步，一旦對公司的全貌有了一個瞭解，下一步就需要進行庖丁解牛式的分析，千里之堤毀於蟻穴的事情也並不是危言聳聽，所以，有時細節決定了成敗與否，下面就讓我們慢慢的來解析公司這隻大牛。

一、看訂單，重銷售

如果你堅持價值投資的理念，就必須把公司的質地當成主要的關注點，只有質地好的公司才能成為資金投注的對象。

影響公司質地的因素包羅萬象，其中有公司管理層、技術水準、經濟週期性因素等等。銷售業績無疑是衡量公司運營是否成功的關鍵指標，它決定了公司淨利潤是否能夠持續穩定地增長，作為源頭主營業務的收入其持續增長也有多種路徑，而能夠獲得持續的「訂單」無疑是一項主要的內容。

訂單的多少往往反映了該行業的景氣程度，甚至能夠預測是否有向賣方市場轉變的可能，畢竟訂

單反映了買方的有效需求，

當然，不同客戶的訂單其含義也不同，具體來看，訂單主要分為三類：

一是行業景氣極其旺盛，賣方市場已形成，買方提前向賣方下的訂單。

二是產品週期較長，涉及金額比較大，市場需求方為了能夠保證企業的正常運行，根據行情向供應商提前下訂單。

三是政府採購，政府根據所需產品的種類先進行招標，然後向取得資格的廠商下訂單。

不同的訂單對企業淨利潤的影響是不同的。對前兩類企業來說，所得到的訂單一般都將產品價格固定下來，雖然大量的訂單可以反映該行業的預期走向，但如果在支付前成本上升，那麼企業的淨利潤就會受到一定的影響，因此，對這類企業還要繼續觀察。而對於政府訂單來說，能夠獲得這類訂單的企業有較強的競爭力和影響力，應看好其利潤的預期增長。

二、看業績，重治理

公司業績一直被投資者放在進行投資決策的首位。不過，隨著股權分置改革的推進，投資者應更多地關注公司的持續營利能力和治理的完善程度。在股改全面推進的過程中，投資者要注意甄別那些虛假和無法持續成長的公司，尋找那些治理完善且具有長期核心競爭力的公司的股票。

當前宏觀經濟增長依然強勁，根據近些年的觀察，在未來相當長的時間內，國內經濟的快速穩定增長都是必然趨勢。在宏觀經濟增長的大環境下，大量的企業會東風借勢快速成長。但是可以肯定的是，在這些企業中，有些企業的成長是虛假的，不但不具有持續性增長的實力，甚至是損害股東價值的，只有那些真正為股東創造價值、在未來具有持續增長潛力的，才稱得上是優質的成長。因此，股票投資人必須在股市中挖掘具有這種成長特徵的企業、真正為股東創造價值的企業。

但是，一般來說，由於這些企業在表面上似乎都具有成長的特徵，那麼應當如何從良莠不齊的企業中選取具有持續增長特點的企業呢？大家只要記住這麼一點，不具有持續性增長前景的企業多半是投機性企業，它們不可告人的目的是希望在短期內大賺一筆就退出，因此，要注意觀察企業的管理層，察看公司是否具備良好的治理結構、是否具有長期的核心競爭力，以及是否具有持續增長的空間。具體來說就是要看企業的監督和制衡機制是否有效，激勵機制是否合理，公司的信用等級如何，以及管理層是否具有良好的誠信度等等。

三、看財務，重分析

財務狀況是企業運行的晴雨錶，財務報表反應了企業各個環節的運行狀況，如果哪個環節的財務狀況出現惡化，必定會影響到整個企業的運作，因此，要注重分析企業的財務問題。

對現金流量的分析

現金流量對企業的重要性不言而喻。投資者應主要關注以下兩個指標：

A、用來衡量企業經營活動所產生的現金流量可以抵償流動負債的程度的指標：現金流量比率＝現金淨流量÷流動負債。

B、反映了企業經營活動產生的現金流量與所支付股利的比率，用來評價企業支付現金股利的能力的指標：現金股利保障倍數＝現金淨流量÷全部現金股利。

根據這兩個指標，投資者可以發現目標企業當年的現金流量能否保證股東股利的支付，以及是否能夠保障償付其流動負債。另外，還可以從當年的現金流量表中看出，目標企業該年度的主要現金流入的主要來源，以及主要的支付項目，透過這些分析就能夠發現公司是否有借款融資，是否大量投資於固定資產和權益性投資等回收期較長的項目，以及在公司未來面臨償還借款本息時公司未來的現金流量狀況是否會惡化。

對利潤表的分析

利潤是上市公司經營業績的綜合表現，又是進行利潤分配的重要依據。因此，需要認真地閱讀和分析利潤表，以瞭解上市公司的營利狀況。分析利潤表的重點是要分析報表的主體構成、變動趨勢。

利潤表是關於上市公司的營業收入和同期的營業費用對比的報表，從對比中可以得知企業當期的淨利潤（或淨虧損）的情況。所以，應該以「利潤＝收入－費用」作為分析利潤表的基本思路。

利潤表中的主要會計指標有「主營業務收入」、「主營業務利潤」、「營業利潤」、「利潤總額」、「淨利潤」，在這些指標中應重點關注：主營業務收入、主營業務利潤、淨利潤三項。尤其應關注主營業務利潤與淨利潤的盈虧情況。

許多投資者往往認為淨利潤符號的正負對應了公司的盈利和虧損，因此只去關心淨利潤情況，一旦發現淨利潤為正，就高枕無憂。然而實際上，企業的長期持續發展的動力，來源於對主營業務的開拓與經營。從嚴格意義上講，主營業務虧損、淨利潤盈餘的企業比主營業務盈利但淨利潤虧損的企業要危險的多，因為企業的發展靠的是主營業務的狀況，主營業務的穩定增長是企業長期發展的保證，有些企業可以透過投資收益、營業外收入等來彌補主營業務的虧損，但是這種做法是不能保證公司的長期發展的。

對財務指標的聯動分析

對企業單一指標的分析，往往使投資者對企業營利能力的判斷處於模糊的狀態，並能從整體上有個宏觀的把握。而透過對財務指標的聯動分析，可以使投資者更加清晰地評價企業當期的經營成果以及未來的獲利能力。

負債經營率與利潤增長率的聯動分析

我們知道負債經營率＝長期負債÷所有者權益，

利潤增長率＝（本期淨利潤－上期淨利潤）÷上期淨利潤，前者反映了企業資金來源結構的獨立性和穩定性，後者反映了企業營利能力的增值。

將上述兩個指標進行綜合考慮，就可以綜合判斷企業營利能力的增長潛力。如果兩者同時增長，則說明企業加大了外部資金投入，增加了一定的負債風險，但同時由於企業合理利用了資金，利潤也有所提高，負債給企業帶來了利潤，說明對資金的運用是合理的。

如果同時下降，說明企業在減少負債的同時也縮減了營利標準，其營利潛力受到了資金短缺的制約。

流動負債率、流動資產率、利潤增長率的聯動分析

流動負債率＝流動負債÷資產

流動資產率＝流動資產÷資產

利潤增長率＝（本期淨利潤－上期淨利潤）÷上期淨利潤

將這三個指標結合考慮可以用來分析企業的營利前景。

如果三個指標同時上升，則說明企業加大了投入，增加了生產，同時也增加了利潤；如果流動負債率提高而流動資產率降低，但利潤率增長，則說明企業銷售狀況佳，經營形勢依然保持良好。

如果流動負債率提高，流動資產率降低，利潤率下降，則說明企業的經營惡化，企業將發生資金問題；如果三者同時下降，則說明企業的生產經營業務漸趨萎縮，企業的營利前景不容樂觀。

透過對反映企業營利能力的財務指標進行聯動分析，可以避免單一指標分析的狹隘性，可以發現企業的預期聯動變化。如果發現企業的營利能力在減弱，那麼該企業的營利能力的前景值得商榷，此時投資者應該謹慎對待。

高效率來看年報

公司年報是公司對其當期的生產經營概況、財務狀況等資訊的披露。雖然不同的上市公司其年報所披露的內容、形式各不相同，但投資者總可以大致地瞭解到上市公司的基本概況，以及生產運營情況的大體輪廓。

根據現行的年報披露制度，上市公司年報應披露的內容有：如公司簡介、會計資料、業務資料、股東情況、董事會報告、監事會報告、重要事項、財務會計報告等基本內容。這些內容都是投資者瞭解目標公司時所必需的、詳細的資訊。投資者只有對年報披露的資訊進行認真地分析和理性地推理後，才能儘可能地瞭解目標公司，發掘目標公司的投資資訊。

但是，由於大多數上市公司的年報基本上都是在同一時間發佈，其中，大量的垃圾資訊使得完整仔細地閱讀年報幾乎不可能，所以大多數投資者只能走馬觀花，一目十行，這種驚鴻一瞥的閱讀方式的後果可想而知。

由於年報的發佈是針對所有可能的年報讀者群，其中有上市公司現有股東、潛在的投資者、債權人以及其他各種性質的讀者。對普通投資者來說，想要瞭解和分析的主要內容往往集中在這麼幾個重要的方面，即在會計資料和業務資料、財務報告以及董事會報告部分，都涵蓋了投資者想要瞭解的重要資訊，因此，只要抓住這些內容，投資者就可以對上市公司的基本情況有一個宏觀的把握。

年報的會計資料和業務資料主要為投資者提供上市公司當期的一些重要的會計指標，如主營業務收入、淨利潤、每股淨資產等等。財務報告則主要包括審計報告及資產負債表、損益表、現金流量表三大會計報表等內容。

董事會報告向投資者陳述了當期公司經營情況、財務狀況、投資情況等資訊。三大會計報表提供了上市公司資產負債結構、營利能力以及現金流量的情況。投資者在閱讀年報時應該對以上幾個部分進行重點分析，這樣就可以在短時間內獲得大量的有價值的資訊。

透過對目標公司高屋建瓴式的瞭解和庖丁解牛式的分析之後，你會先於別人一步且更加清楚地瞭解一家企業，一旦你掌握了足夠的資訊，那麼你就可以搶得先機，先入為主了。

第二節　投資的行業選擇

巴菲特始終熱衷於消費壟斷企業，他投資的公司涉及煤炭、電力、餐飲、媒體等行業，這些公司給他帶來了穩定的利潤，可見對行業的選擇同樣十分重要。巴菲特認為，選擇行業，最重要的一點在於如何正確預測所觀察行業的未來業績。

對一個行業的判斷應當考慮兩個問題：一是該行業的歷史，二是該行業的未來。只有知道行業的歷史發展狀況，才能很好地預測其未來，把握其明天的走勢。

對一個行業的增長狀況的判斷，可以透過對該行業過去的增長率與國民經濟增長率進行比較的方法，行業的增長率可以採取的指標是行業的產出值，國民經濟增長可以ＧＤＰ增長為標準，透過兩者的比較，就可以知道行業的發展狀況，如果前者高於後者，說明該行業有著較強的發展趨勢，前景看好，而如果低於後者，說明該行業已是明日黃花，說不定已進入衰退期。

如果需要準確的資料，那麼可以透過回歸的方法對歷史資料進行回歸，從而建立起對行業未來發展預測的模型，當然這種純定量的模型並不能對行業的未來發展做出任何保證，只是讓你對行業增長和國民經濟增長的關係有所理解。巴菲特對行業的分析從不利用一些繁複的數學運算，巴老依據的是對經濟的感覺。

雖然沒有什麼模型能準確無誤地預測任何行業的未來發展，但是，從巴菲特的投資組合，以及行業的特點來分析，我們總能找到那些具有增長前景的行業。首先，巴菲特鍾愛的消費壟斷型企業至少在美國是具有前景的，消費是經濟發展的動力，消費型企業的穩定發展不言而喻。

一般來說，任何行業的壟斷或是寡頭壟斷企業都具有較優越的發展潛力，看看巴老投資的企業我們就會發現，幾乎每一種股票都是家喻戶曉的全球著名企業。其中，可口可樂為全球最大的飲料公司，吉列刮鬍刀則佔有全球六〇%的便利刮鬍刀市場，美國運通銀行的運通卡與旅行支票則是跨國旅行的必備工具，富國銀行擁有加州最多的商業不動產市場並位居美國十大銀行之一，聯邦住宅貸款抵押公司則是美國兩大住宅貸款業者之一，迪士尼在購併大都會／美國廣播公司之後，成為全球第一大傳播與娛樂公司，麥當勞亦為全球第一大速食業者，華盛頓郵報則是美國最受尊敬的報社之一，獲利能力又遠高於同行業。可口可樂、華盛頓郵報、政府雇員保險公司、吉列等等，這些企業即使不是消費型企業也是該行業的壟斷或寡頭壟斷企業。

另外，巴老也熱衷於能源行業，如埃克森公司、中石油等，隨著全球經濟的穩步發展，能源的需求將會越來越大，能源企業的前景必讓投資者咋舌。

巴菲特投資的企業利潤不但高於同行業企業，甚至遠遠高於整個社會企業的平均水平，這也就是巴菲特之所以看好這些公司的根本原因。

巴菲特從不同形式的企業股票中獲利，他最喜歡的方式是擁有管理優良、財務健全、前景較好的企業的百分之百股權。退而求其次的選擇是，持有管理好、財務佳、前景好的企業的部分股票。

第三節　價值投資才是金

巴菲特一直遵循價值投資的理念，他不止一次的告誡投資者：「尋找引人矚目的公司而不是股票！」公司的價值決定了股票的價格，因此，價值投資才是金。

巴菲特的價值投資理念一般來講，關鍵在於公司的內在價值和市場價格的對比，即在一家公司的市場價格相對於它的內在價值大打折扣時買入其股份。在此，我們主要關注公司的內在價值，因而投資者要在眾多的企業中尋找具有較高內在價值的企業。

企業的內在價值是一個非常重要的概念，它是評估投資企業的相對吸引力的惟一手段。巴菲特將企業的內在價值表述為：「今天，任何股票、債券或公司的價值，取決於在資產的整個剩餘期限能夠期望產生的以適當利率貼現的現金流入和流出。」然而，如果單單從這個定義出發，投資者並不能精確地甚至大概地計算出一家企業的內在價值。

從定義看，「內在價值」包含三個要素：每年的現金流的金額量、折現率、年限。「內在價值」之所以引人矚目，就在於這三個數都無法確定，而「餘下的壽命可以產生的現金」又是一個十分模糊的概念，是無法定量的，雖然這取決於對公司未來的預期，但是預期本身也是一個估量的過程。

巴菲特本人堅持價值投資的理念，時時刻刻都把公司的內在價值掛在嘴邊，但是，他卻從來都沒有明確地告訴投資者如何去計算一家企業的內在價值。原因何在呢？來看巴老自己的解釋吧：「一切的數字與資料都存在於我的腦子裏，若某些投資需要經過複雜的運算才能做出決策，那麼它就不值得投資。」內在價值的定義本身決定了它的不可定量性，也許正是因為如此，巴老從不表明自己的計算方式是怎樣的，況且他本人也不能保證他的計算方式就是準確無誤的。

在巴老的意識裏，「內在價值」也只是一個模糊的值。他曾在其年報中透露：如果有兩個對伯克希爾公司都非常熟悉的投資者，對公司的「內在價值」進行評估的話，那麼差異應該不會到一〇%。可見，雖然不能精確計算一家公司的內在價值，投資者對其也並不是無所適從。

此外，巴老還透露了內在價值的一些「定性」指標：

一、沒有公式能計算公司的真正價值，唯一的方法就是徹底地瞭解這家公司。

二、應該去偏愛那些產生現金而非消化現金的公司。

三、目標公司就是能以一個合理的價格買進、且其未來五至十年甚至二十年的獲利都很穩定的公司。

首先巴菲特承認企業的內在價值是不能精確計算的，與此同時，巴老對企業內在價值的估計又是十分有效的，當然，對內在價值的估計並不能隨心而欲，正如巴老所說，解決這一問題的關鍵就是徹底地瞭解這家公司。

相對於內在價值的不確定性，巴菲特提出了「安全空間」的概念，它的內涵就是投資的目標不僅僅是價值而且是被低估的價值，市場價格相對於它的內在價值（模糊值）大打折扣的公司才具有投資的吸引力，簡言之，這個折扣就構成了投資的安全空間，安全空間的存在使投資者對內在價值的估值有了一定的浮動空間，以使投資更為安全。巴菲特說：「你不可能準確地知道一種簡單的價值，要給自己一個二〇%的誤差範圍，合理的價值就在這個範圍裏。」

巴菲特根據對企業內在價值的估計，得出了預期年複利報酬率，並以此來估算該項投資是否划算。例如，巴菲特預估一個企業十年後的未來價值，然後比較買下此企業所需的價格與達到這個預估價值所需的時間。用最簡單的型式表示為：如果巴菲特以十美元買了一股X公司股票，且預期十年後該股價將達到五十美元，於是他就能計算出十年間該股票的年複利報酬率約為一七・五六%，然後他將這個年複利報酬率與其他投資指標進行比較，以得出該項投資是否值得的結論。

現在的問題就是如何尋找價值型企業，不同的投資者會從不同的角度得出不同的結論，但是有兩點是不變的：一是靜態的投資價值，二是動態的投資價值。

靜態的投資價值，指的是上市公司當前時點的市值與目前淨資產之間的比較。動態的投資價值則相對來說有些複雜，但是這正是股票市場的魅力之所在；因為它是動態的，所以難以把握和跟蹤，但是，只要對此有了一個宏觀的把握，並且有耐心地持有好股，那麼，就有可能獲得一個巨大的投資增長空間。

第四節　不要出售傑出的企業

巴菲特的價值投資之所以會獲得成功，除了對公司內在價值的估計以外，另外一個條件就是時間。只有企業的價值在未來出現了增值，你的利潤空間才能不斷地加大。

巴菲特對外界說：「任何情況下都不要拋傑出的企業。」在前文我們曾經不止一次地談及這一點，投資而非投機、以不變應萬變等等都強調時間的重要性，在此不妨再次提醒投資者，一旦抓住傑出的企業，就要耐心地等待，除非發生了足以引起企業價值發生本質變化的事情，否則，不要拋棄這些傑出的公司。

成長為一個優秀的公司，需要企業的裏裏外外都能為企業未來的發展做出貢獻，需要企業的上上下下都能把企業的前途當作自己的前途，需要企業的方方面面都能為企業立於不敗之地而打下基礎。因此，要投資一個企業，就需要綜合考察其實力，就需要具備識破天機的慧眼，就需要對之長期觀察摸透其細節。切記避免那些有著表面的虛假繁榮的企業對你的誘惑，因為它或許就是一個佈置得極其華美的陷阱，只有那些守得住自己的本份、兢兢業業地為股東謀取利益的企業，才是值得投資的目標企業。既然從一個默默無聞的企業成長為一個出類拔萃的企業，都需要花費相當長的時間，那麼，要確定自己的投資目標，當然也需要花費很長的時間和精力去小心地選擇它、精心地琢磨它、細心地研究它。

妄想不勞而獲是不會有好下場的，沒有遠見和膽識的盲目投資也是要不得的，只有把握時機看準目標進行價值投資才是上上之策。

Gold Edition Warren Buffett 9

忠告八

靜如處子，動如脫兔

把握一般的商業機會比較困難，而判斷買賣股票的時機卻十分簡單，當大家近乎瘋狂地在股市裏搶進搶出時，就是股市漲勢接近尾聲、漲無可漲的時候。

——巴菲特

股市是個暗藏殺機的危險之地，到處是荊棘叢生，絲毫的放鬆都有可能「斷命」。

股市猶如野獸出沒的森林，要想保命有食吃，就要學會生存的本領。如何避免成為他人口中的饗食品呢？答曰：要動如脫兔。搶在危險來臨之前脫身，否則就會被「生吞」。而又如何做到餓有所食呢？答曰：靜若處子。要耐心地等待獵物的到來，不要打草驚蛇，嚇跑到嘴的美食。做到這兩點，就可以閒庭信步、寵辱不驚了。

巴菲特總是不厭其煩地告誡投資者，投資要有耐心，要學會守株待兔。與此同時，巴菲特也說，該出手時就出手，在關鍵時候要斬釘截鐵，動若脫兔。

股市投資的一個顯著特點就是變換叵測，常常令人猝不提防，昨天可能還是風平浪靜，今日就會變得暴風驟雨，而其中的轉變僅僅可能是微不足道的事情，但股市的蝴蝶效應有目共睹。如何在風平浪靜時發現別人看不到的投資良機，以及如何在暴風驟雨中確保不會成為落湯雞，巴菲特的做法肯定會讓你大吃一驚。當初，伯克希爾公司只是一個破爛的紡紗廠，沒有人會「天真」的想到它今天的輝煌，然而巴菲特卻慧眼識珠，將它買下，並成功地把它運作成今天的投資巨頭。每每發現一家具有優秀前景的好公司，巴菲特都不會輕易放棄，而是靜候時機。

幾十年來，市場一直在變，但巴菲特的選擇沒有變。當網路股盛行時，巴菲特也沒有為之心動，因此沒有偏離市場的軌道。至今，巴菲特已經持有過幾百家公司的股票，然而，大浪淘沙，每年，巴菲特持有的股票種類都十分有限，好的堅持不放，壞的堅決拋棄，就是在這樣的取精去粕的過程中，巴菲特成為今天的投資大師。

兵法有云：兵無常勢，戰無定法。巴菲特的動靜結合可謂投資的最高境界，時而動，時而靜，動靜結合，運用自如，方可摧城拔寨，勢如破竹。

第一節 靜如處子

「冰凍三尺，非一日之寒」，股市投資多半需要長期的功夫，巴菲特成為富翁也並非一朝一夕的事情，只要不去奢求一夜暴富，就會「沉舟側畔千帆過，病木前頭萬樹春。」巴菲特做長線的慣例幾乎沒有改變過，不論股市風雲如何變幻，巴菲特總是守住自己的一方寸土，永不動搖。

俗話說「三十年河東，三十年河西」，當巴菲特的部分公司不再風光依舊，而網路股、科技股一度小鬼當道的時候，巴菲特依然靜靜地等待下一個「三十年」的輪迴。股海波濤洶湧，巴菲特卻一直靜如處子，這種以靜制動的戰略給巴老聚斂了大量的財富，投資者應該從中好好的學習啊！

張三的「持股經」

張三是那種沒怎麼有主見的老實人，看到身邊的人都做起了炒股票的生意，一直沒有動心，總覺得自己沒什麼本事，覺得容易賺的錢肯定有陷阱，於是他把畢生省吃儉用的積蓄都存進了銀行裡。然而，凡人都經不住金錢的誘惑，股市的一陣「暖流」養起了一批富翁，張三的幾個熟人恰好都沾了這次「暖流」的便宜，一點小本賺了不少錢，開始在張三面前炫耀起來，好不風光。於是張三開始覺得把錢存在銀行總是太虧了，本來利息就沒多少，卻還要交稅，還是股市投資好，錢賺得多，於是心動了起來。

一如所有下海試水的新手，張三總怕被套，開始只是買入一點點，並避開那些波動劇烈的股票，這樣做了幾個月，自己雖沒有折損本錢，卻也不見有什麼油水，幾十塊的利潤還不夠交易的手續費，耐不住寂寞的張三只得向身邊的老手求救，做起了投機。

如果張三知道保本比賺錢更重要的話，他就不會去投機了，雖然開始多多少少嘗到了一點甜頭，但是並不機靈的他根本難以抓住機會，而且，他覺得天天盯著股市耽誤了自己的不少正事，晚上又總想著股價的變動，寢室難安，不僅身心疲憊而且幾近精神恍惚。幾次落水都跌光了老本，幸虧幾個不錯的朋友解了他的燃眉之急。

後來，他終於決定不再這樣玩下去了，某日他買了能源的股票就拋到腦後不管了，心想反正能源股的前景被大家看好，應該不會跌得很厲害，買了放著就行了。誰知持了該股半年，那股價就一直不停地漲上來了。就像那地下的一股清泉，不聲不響，卻也源源不斷。偶然的走運讓他不但還了朋友的債務，還存下了一筆可觀的資金。

張三這才恍然大悟，股市投資要有耐心，守得住寂寞才行。他總結了上次成功的經驗，開始把目光轉向了企業的選擇上，對企業做出了詳細分析後，他抓住市價走低的機會買入，然後就守株待兔了，伺機賣出。此法果然屢試不爽，身邊的朋友一直是有賠有賺，總是徘徊在原來的水準上，而張三卻不同了，他真正地有了自己的積蓄。

張三總結了自己的持股經，以饗讀者：

- 如果囊中羞澀的話，就全部買低價股，不買高價股，因為「高處不勝寒」。
- 在企業上下足功夫，而不要在股市上浪費時間和精力。
- 在行情沒有發生本質變化的時候，就不要去關注股價的變動，不要隨便拋掉自己的股票。
- 要耐得住寂寞，靜靜地等待自己的股票上升。
- 錢是最禁不起「折騰」的，老是買來賣去，自己又不是專業人士，折騰幾下就沒了。

或許張三的「持股經」真的有它的可取之處，因為張三的資金已翻了兩倍以上了。

耐得寂寞成高手，守得雲開見明月

張三的持股經確實有道理，可以說是秉承了巴老的投資理念。只是巴老的眼力要更強一些，選擇的企業更穩定一些。但耐得住寂寞說起來容易做起來卻很難，而且不是一般的難，絕大多數投資者都做不到這點。在機會和利潤的誘惑面前，投資者很容易就慌了手腳亂了方陣，要保持冷靜、穩坐泰山並不容易。股票投資人們每天到處打探消息，讀報紙，看股市評論，一旦打聽到一點風吹草動就趕緊行動，

當然，有時候果斷確實很重要，尤其是市場突變的時候，但是並非任何消息都值得大動干戈。剛聽說某支股票有法人要炒作，他們就一窩蜂似的趕緊殺入，不久又聽說某支股票成為市場的高點，便又趨之若鶩趕緊追入，總之是忙個不停，疲於奔命，一年到頭折騰得要死要活，錢卻沒有賺到，倒是為證券公司做了不少貢獻，這樣的股票投資人自然耐不住寂寞，當然也就不會賺到錢。

巴菲特的投資理念可以說是久經檢驗的，是投資者學習的典範，因此，只要融會貫通大師的指點，就不會如此盲目地投資，「要有耐心」，巴菲特不止一次地提到：

- 要靜下心來沈住氣地研究企業的現狀和前景，企業的狀況決定了股價的走勢；
- 要花時間來徹底的瞭解企業，而不是花大量的時間來關注股市；
- 要耐得住寂寞來等待股價的回升上揚，股價是對企業價值的反應，

雖然短期內兩者的變動可能並不同步，甚至會相反，但長期內企業的價值必定決定股價的變動，

因此，短期內的股價即使有變動，如果你認為企業有較好的發展前景，那麼就不要去顧及它們的波動。

如果誰想靠判斷行情的走勢來買進賣出，那就十分危險了，因為股市是難以預料的，大跌一下，小漲一下，又跌又漲，它下一步的腳印沒有人能夠預測得到。所以，投資者要耐著性子等待時機。

耐得住寂寞還要有戒驕戒躁的心態，要平靜地對待股市，股市亂，心不能亂，心一亂就全都亂了，要做到心如止水，冷靜地看待股市，這時你就會做出理性的判斷，而不是手忙腳亂、不知所措。

耐得住寂寞還要學會守住現金。投資者總是希望把資金用在刀刃上，用錢生錢，而不是一味地守著現金。但是如果沒有認清市場，對企業的瞭解不夠透徹，或是大環境不濟，企業賴以生存的市場有變，此時就要慎重考慮自己的投資，如果一時沒有好的投資對象，最穩健的做法就是保有現金，靜觀其變，千萬不要碰運氣，要耐得住遠離股市的寂寞，這時只有持有現金才是明智的選擇。

巴菲特在二〇〇四年幾乎沒有一項新的投資，原因就是股市活躍異常，巴老沒有尋找到價格低廉的股票，巴菲特自己也承認去年在調配資金上做得實在不怎麼樣，他在給股東的信中說：「我原希望能夠完成幾宗數十億美元的重量級收購，給我們的收益添磚加瓦，然而我卻一事無成。」的確，因為巴老沒有找到有吸引力的股票，截止到二〇〇四年底，伯克希爾手中握有近四百三十億美元的現金按兵不動，即便如此巴老也沒有去碰運氣，而是大膽地持有這些現金，儘管他並不樂意。

耐得寂寞成高手，守得雲開見明月，這只是時間的問題。

咬定青山不放鬆

對於任何企業的關注都要有始有終，切不可半途而廢，因為企業的發展變化是一個連續的過程，不能進行「斷章取義」，否則，你就可能與機遇擦肩而過。所以，投資者如果對某家公司有意，就要鎖定目標，進行長時間地跟蹤瞭解，而不能像沒頭的蒼蠅那樣亂飛亂撞。在肯定了企業的內在價值之後，接下來要做的十分重要的事情就是等待企業廉價的股票。如果一家企業的內在價值被看好，發展有潛力，但如果投資的成本過高，也不是投資的好機會，要等待時機。巴菲特對於企業的關注總是自始至終的，而且只對吸納廉價股票反應積極。下面是他投資一家地毯公司的過程。

羅伯特·肖是一位地毯商的兒子，於一九六七年跟弟弟合夥創建了肖氏地毯工業，經過幾十年的經營，肖氏地毯工業發展成當時世界上最大的地毯製造商。巴菲特認為地毯業是一項基礎的消費行業，人們會一直用地毯，「這是一個十分容易學上手的行業」。然而，上個世紀九〇年代末，肖氏地毯工業的發展卻出現了受阻情況，公司的股票一路下跌。肖氏公司非常希望巴菲特能夠投資該公司，對一個企業而言，得到巴菲特的投資是一件求之不得的事情，因為它向華爾街的其他投資者發出了一個信號——這家公司的股票是值得擁有的。

肖氏地毯工業的董事長肖認為該公司的股票已經是十分低廉的了，應該早已是巴菲特的囊中之物了，雖然一些評論員總是譏笑巴菲特的做法過於保守，總是「欺軟怕硬」，盡吃「垃圾」股，但巴菲特從來都不顧外人的評論，一心走自己的路，奉行價值投資。基於此，肖認為巴菲特不會錯過自己的公司。

後來，肖找到巴菲特談及投資的事宜，但是巴菲特並沒有急於答應，只是靜觀對方口若懸河地講，並表現出一副無動於衷的樣子，當然他也沒有讓肖感到絕望。其實巴菲特對肖的公司關注良久了，只是覺得公司的股價還不夠低，一直在等待時機。

肖當然知道和巴菲特這樣的老手打交道需要耐心，雖然任憑他投其所好，反覆強調公司是世界上最大的地毯公司，屬於成長性企業，後期一定看好，只是目前出現經濟困境，巴菲特仍是不緊不慢，不肯表態。當肖無可奈何地準備離開時，巴菲特才有意無意的問道：「假如伯克希爾公司在公開市場上購買肖氏公司的股票，他們是否會介意？」。

直到此時，這次收購才真相大白，肖氏公司的股票已經由原來的十九美元跌到了十三美元。巴菲特最終沒有讓肖失望，因為他一直都在關注肖氏股票的價格，只有市場嚴重低估了其內在價值時，巴菲特才會收購。

巴菲特的這次收購前後歷時四個多月，巴老的耐心不言而喻，因為他對符合收購條件的公司即使歷經「磨難」也絕不放棄。十月末，巴菲特的伯克希爾公司以每股十三美元的價格大量收購了肖氏地毯工業的股票，涉及資金高達二十億美元。

從這個例子中投資者總能學到很多的東西，巴菲特以盡可能低的成本買入，獲得最大的利潤，這一大手筆顯示出股神特有的氣質。

耐得住寂寞還要有戒驕戒躁的心態，要平靜地對待股市，股市亂，心不能亂，心一亂就全都亂了，要做到心如止水，冷靜地看待股市，這時你就會做出理性的判斷，

第二節 海底撈月顯神功

巴菲特的收購三步曲中，海底撈月可謂決定巴老賺錢的關鍵一環，相中目標企業後，決定是否買入的重點就轉向了公司的股價是否足夠低廉，即公司的股票價格是否已經低於其內在價值，只有其市場價格低估了企業的價值時，巴菲特才會投資買入，接下來就靜等回升。

巴老非常敢於在下跌的行情中買入，因為他只關心價值，只要判定企業的價值被市場低估了他就買。

巴菲特就像其他收藏家一樣，他非常在意自己所要收藏的任何一個企業的買價。事實上，在公司前景被看好的情況下，股票的價格決定了他是否購買該企業，這是他成功的必要條件。簡而言之，就是要找到值得投資的好價位。

巴菲特這種獨特的投資方法思路極其清晰，

第一步先確定要購買的目標企業；

第二步考慮公司的價格是否值得投資，對購買成本較高的依舊等待；

第三步就是大舉進入，等待股價的回升。

該買什麼？以什麼價格買？

巴菲特考慮的真是天衣無縫、滴水不漏，投資者聽來似乎簡單易行，但是真正能夠做到的又有幾人呢？

「我們歡迎市場下跌，因為它使我們能以新的、令人感到恐慌的便宜價格揀到更多的股票。」巴菲特曾毫不掩飾的說。

判斷市場的頂部與底部

要想海底撈月，購買廉價的股票，就要對市場的波峰和谷底有個大致準確的判斷，否則，「海底撈月」就無從談起。判斷市場的波峰和谷底的方法多種多樣，無論哪種方法都不可能絕對準確地預測股市，所以，投資者的經驗更為重要，關注股市歷次底部的一些特徵對投資者來說是十分必要的。

下面是股市歷次底部的一些重要特徵，投資者可以根據歷史經驗來判斷市場：

一、市場上的絕大部分股票投資人對市場失去信心，處於恐懼之中。

二、股指大幅度下跌，頻頻突破投資者的心理極限。
三、市場中的投資者幾乎都處於高度虧損的狀態。
四、每天行情中漲幅達五％以上的股票極少，而跌停的股票很多。
五、股指下跌持續相當長的時間，陰霾一直籠罩股市。
六、投資者對利多已經完全麻木。
七、市場中的投機力量均遭嚴重打擊，紛紛退場觀望。
八、股市一蹶不振，只跌不漲，沒有反彈的信號。
九、極少有新股上市，投資者對新股也沒有興趣。
十、政府部門開始干預股市，頻繁發佈鼓舞人心的消息。
十一、眾多學者專家開始對股市問題進行揭露，媒體對股市內幕進行曝光，政府部門開始打擊市場的非法操作。
十二、市場具備了極具投資價值和上升空間的股票及契機，使市場有了重新活躍的前提條件。
十三、股市與宏觀經濟嚴重脫離。
十四、股市內幕不斷顯現，股票投資人極度憤怒，市場出現了不穩定因素。

這些特徵在歷次股市底部均有所顯示，因此，投資者可以史為鑒，儘早預測股市谷底的形成。

根據上述特徵以及股市經驗，投資者可以從下面一些角度來判斷市場的波峰和谷底，為自己的投資做出決策。

從股市環境的總體來看，下面兩個特徵是谷底形成的重要信號，此時投資者可以考慮對目標企業股票的收購。

一、投資者對利多已經麻木。

在下跌的股市裏，投資者總是期待利多消息的發佈，可以用「望穿秋水」來形容，然而不幸的是，一次次的等待之後，利多消息換來的卻是一次又一次的下跌，久而久之，投資者便近乎絕望了，對利多消息已經完全麻木了，再沒有以前的興奮和激動。對利多的麻木說明投資者已經絕望，再沒有什麼能讓他們對市場擁有希望了。投資者對利多的表現變得無動於衷——你出你的利多，我走我的下跌，此時的股市不是谷底是什麼？

二、投資者對股市下跌已無感覺。

巴菲特非常喜歡股市的下跌，在跌勢中正是他一展身手的絕佳機會，眾多投資者也是希望從股價的變動中賺取差價，所以對於價格的變動十分敏感。如果是持有股票的投資者，股價下跌了，當然會非常慌張，不知道該繼續持有還是應該賣出，或者應該在什麼位置賣出比較合適，而持有現金的投資者見到股價下跌，則是在思考應該在跌到什麼價位的時候買入才能賺錢。正因為如此，股價在下跌的過程中才會有緩跌、急跌或者是反彈。如果大盤指數持續地下跌，無論是利多推出或利空登場，股市都會視而不見，既不會因利空而加速下跌，也不會因為利多而大幅度反彈，依舊照跌不誤走自己的老路。由於絕大多數的投資者對市場已經徹底絕望而退出觀望，這時候下跌與否或者跌多跌少已經再也不值得關心了。

從股市的微觀運行方面來看，投資者對谷底形成的特徵仁者見仁，智者見智，投資者可從以下多個方面進行綜合考慮。

一、長期下跌後盤整，並稍微有反彈，給投資者帶來些許希望，卻又突然破底，投資者開始恐慌。

二、新股開始持續跌破發行價格，新股上市首日收盤漲幅極低，有的在不久後就跌破發行價格，或開始出現股價跌破淨資產值的個股。

三、管理層的態度開始緩和，政策面出現轉機。

四、前期看多的法人開始悲觀和開始實際作空。多頭由前期看多開始悲觀看空，一直看多的分析師或媒體上主流的諮詢機構開始悲觀看空，對前景持謹慎對待的態度。

五、在大盤不斷緩慢上升過程中，如果出現連續多天的連續上影線加速上漲，則往往預示著大盤頂部可能即將來臨。而在大盤持續緩慢下跌的過程中，如果出現連續多天的連續下影線加速下跌，則往往預示著大盤底部可能即將來臨。

六、大盤在不斷下跌過程中，突發性的利空往往促使大盤一次性砸出真正的底部。

七、股票投資人大多數呈現大幅虧損的狀態，而股市又突然大跌，股票投資人開始加大虧損額；大部分股票投資人已經持續虧損了很長時間，多數投資者已經對股市失去了信心。

八、大盤在不斷下跌過程中，妄想阻止大盤下跌的「突發性利多」往往只能影響到一時的延緩大盤下跌的作用，即在稍作反彈之後大盤往往還要繼續下跌甚至是繼續創新低。

九、大跌後又大跌，關鍵支撐點及重要預期心理基準點跌破了一個又一個，跌跌不休。前期放量的各股又跌破前期平臺，輿論一邊倒向看空，對宏觀面和政策利多變得麻木不仁，熊市思維極其嚴重。

十、大盤下跌末期，板塊聯動脈衝放量及輪換現象加劇，但大盤指數波動區間並不大。

十一、市場一片哀歌，跌勢加劇，全部人已經失望並喪失方向感。眾望所歸，大盤需要一個反轉的契機。往往此時政策面會不經意地出現一些新的舉措或各類創新題材。

十二、基金折價現象普遍，尤其是市場主流基金，基金的操作理念受到普遍質疑，主流基金似乎也失去方向感。

十三、市場不利傳言增多，大盤由緩慢下跌變急速下跌，或者有成批的個股或板塊集體大幅下挫或集體跌停。

十四、新基金發行受挫，發售開始不順利、困難，新基金發行宣傳由媒體走向細分市場，如走入社區等以前不被看重的發行區域。

另外，巴菲特的啟蒙老師格雷漢姆歸納了以下低值股票的十大標準。

一、收益與價格比是三A級債券的二倍。如果三A級債券的收益率為八％，則滿足條件的股票收益率為一六％。

二、本益比不低於最近五年最高平均本益比的十分之四。（平均本益比＝給定年份的平均股價÷當年收益）。

三、股利率不低於三A級債券收益率的三分之二。不分配股利或無利潤的股票不予考慮。

四、股價應低於每股有形資產帳面淨值的三分之二。計算方法是：全部資產價值扣除商業信譽、專利權等無形資產後減去全部債務，再除以股份總數。

五、股價不高於流動資產淨值或速動清算淨值的三分之二。速動清算淨值＝流動資產－總負債。

這也是最初的理論基礎。

六、總負債低於有形資產帳面價值。

七、流動比率不小於二。流動比率＝流動資產÷流動負債。它反映了公司資產的流動性和償債能力。

八、總負債不高於速動清算淨值。

九、最近十年利潤成長了一倍。

十、最近十年中，利潤下降超過五％的年份不超過兩年。

總之，準確地判斷股市的底部，可以讓投資者以低廉的成本收購大量的股票，這也是巴菲特一貫的作風，只有購入的成本足夠低，投資者才能獲得盈利的巨大空間，這也就是巴菲特在前面所說的「當別人恐懼時，我們卻在貪婪」。

第三節　該出手時就出手

巴菲特在選股時十分謹慎，總是千挑萬選，還要等待買入的時機，所以一旦購入了目標企業就會長期地持有，而不會輕易地拋棄手中的股票。但是，對此我們不能以一刀橫切地來對待，因為巴菲特並不是對所有的企業都這樣，也並非在所有的情況下都這樣，只有利益才是永恆不變的。

選擇有潛力的股票、把握最佳的股票買入價格固然重要，但是股票賣出的時機可能是營利最為核心的一環，如果沒有把握住賣出的時機，你之前所做的一切努力都有可能成為毫無功用。

當情勢突變，股市出現大的逆轉時，堅持持有變質的股票就是十分愚蠢的了，此時，得放手時且放手，豈有明月永當頭？如果該出手的時候到了，千萬不要遲疑，不要依依不捨、難捨難分，要有快刀斬亂麻的決心，做到該出手時就出手。巴菲特直言不諱地告誡投資者：「有時行動比謹慎更重要。」如果總是下不了決心，機會就在猶豫間消失了，下一個機會還不知道要等到什麼時候才能出現，還不知道自己能不能等到下一個機會的到來。

巴菲特關於賣出的時機選擇有幾條至理名言：

「當人們對一些大環境事件的憂慮達到最高點時，事實上也就是我們做成交易的時機。恐懼是追趕潮流者的大敵，卻是注重基本面的財經分析者的密友。」

「如果連原本不太注意股票投資的人都進股市了，就表明可動用的資金差不多都進股市了，緊接著就是後繼乏力，再沒有資金可推升股價，股市必跌。相反的，當多數人都對股市不抱有希望，不願再投資股票時，想賣股票的人都賣得差不多了，股市跌無可跌，這時只要有資金投入，就可以反彈漲升。」

巴菲特認為，何時賣出股票和何時買入股票一樣重要、一樣困難，對大多數投資者而言何時賣出是最大的挑戰，很多投資者都不停地抱怨：「為什麼自己賣出的股票非但不跌反而一路飛揚？為什麼自己持有的股票總是不漲反跌？」賣出時機選擇不當，總會讓投資者悔恨不已，往往是為了避免帳面利潤蒸發而鎖定利潤賣出後，好的股票表現依然良好，這就令投資者十分懊惱，以至於下次在選擇賣出時機時更加地優柔寡斷，最終導致原來的利潤頃刻間灰飛煙滅了。

持股一年甚至兩年，手裏的股票非但不漲而且大跌，於是忍無可忍後不惜血本拋售，但今日出局，該股明日十有八九就出現了新氣象，而且十有八九要持續數日，而你一旦追入資金，該死的股票便立即停止了上漲，而且隨即大幅回調，再度將你套牢，似乎股市就是單單與你過不去，但是事實卻是投資者自己沒有掌握好賣出的時機。從市場的角度講，下面的時機選擇可以說是投資者出手的「鐵律」：

一、那些一年來不曾有過動作，而今又有法人介入的個股，一般的漲幅都會很大。慎重的投資者可在最低價上漲三〇—五〇%時選擇拋出，亦可繼續持股看漲，在股價創下高點後回落，跌幅超過一〇—二〇%時拋售出手。

二、某股票已有一段較大的漲幅空間，當許多股市分析師和各種媒體爭相推薦時，就是該退場的時候了。

股票大幅上升後，成交量大幅放大，成交量創下近數個月甚至數年的最大值，是主力賣出的有力信號，是持股者賣出的關鍵，沒有主力拉抬的股票難以上揚，僅靠廣大的中小散戶群是很難推高股價的。

三、如某股票某天莫名其妙地拉出一根長紅，且放巨量。

四、股價大幅上揚後，除權日前後是賣股票的有利時機。

上市公司年終實施送配方案，股價大幅上揚後，股權登記日前後或除權日前後，一般會形成衝高出貨的行情，一旦該日出現大量拋售股票的情況，應果斷賣出，這反映出主力已經出貨，不宜久持此股。

五、不求最低點買進、最高點拋出，但求心平氣和。

買進股票後可給自己定下一個心理價位，一旦達到該標準後即可拋出，即使離場後還在上漲，也不會懊悔，畢竟實現了自己的目標價位。

從企業的角度來講，當發生以下幾種情況時（前文已經稍做論述），這些情況的發生也是賣出股票的時機：

一、公司基本面惡化

一旦注意到公司的基本面開始走下坡時，你就要著手考慮是否賣出該股票。透過分析公司的資產負債表，你可以大致上判斷出公司基本面是否惡化。上升的負債標準、上升的庫存和應收賬款比收入上升得更快，是判斷公司的效率開始惡化的三個常用預警信號，一旦出現這種情況，那麼，就表明公司的基本面已經敲響了警鐘。另外，公司基本面開始惡化的其他幾個預警信號有：降低的股東權益回報率、持續下降的利潤率、市場佔有率連續收縮、不明智的高成本收購，以及突如其來的管理層變更等等。一旦這些影響到公司基本面的信號亮起了紅燈，那麼也就是你考慮退出冷靜觀望的時候了。

二、股票達到期望賣出的目標價位

有時股票市場對短期事件反應過度，幾乎小道消息就足以讓股市上竄下跳，因此，給自己定下一個理想賣出的目標價位，並不為股市異常上漲牽動，該拋時就拋，該退時就退，因為這總比盯著明升暗降的螢幕更心安理得。要知道，幾乎每一家好公司都有被市場嚴重低估的時候，同理，幾乎每一家好公司都有被市場嚴重高估的時候，股價遠遠超出其實際價值，這種情況在挑戰者對公司前景過於樂觀時發生。如果你剛好持有這類被市場嚴重高估的股票，那麼根據你的目標價位，你就應該考慮減少你在那支股票上的倉位，以避免虛假上漲對你的利潤造成損失。

三、錯誤買入的股票

「人非聖賢，孰能無過」，在處處暗流的股市上，無論你在股票研究方面花費多少精力，你都有可能會犯錯觸礁。買入一支股票後，你可能會碰到一些意料不到的情況，比如說有問題的內線交易、變更的會計方法和下降的競爭優勢等等。如果在購買一支股票後發現了類似的問題，而且你對暗箱操作無能為力、無計可施，那麼你就應該考慮賣出，即使賣出意味著損失。明智的停損，尋找更好的投資機會遠優於繼續持有一支註定會表現不佳的股票。

四、實施投資組合的再平衡

牛市的時候，幾乎所有的股票都在上漲，此時，投資者往往會忽略公司的基本面，而且不管三七二十一地見漲就買，因此漲到最後，恰恰是那些漲勢瘋狂的股票最先跌得一塌糊塗，而遭殃也正是那些不看公司的內在價值只看股市價格的人；通常只有到了熊市的時候，投資者才會認清楚這樣一個事實，那就是有些股票即使在熊市也能上漲。具有較強競爭力的公司能夠承受住經濟炎涼，即使處於經濟的下降週期，也能堅守陣地，毫不妥協；但是沒有競爭力的公司，在市場變差的時候就會下滑得很快。

如果一支股票在過往只佔你的投資組合的二〇%，但它在過去一段時間內股價翻倍，而此時，你組合內的其他股票的價格卻變化不大，那麼在這個時候，如果你將資金向漲幅較大的這支股票傾斜，並使之達到佔你組合的近四〇%的比例，這樣的話，你目前組合的表現就是，太過於依賴一支股票了。當一支股票上漲到佔你的組合比重很大的時候，你就應當考慮賣出一部分該股票以獲得利潤，因為在這種情況下只有賣出一部分該股票才能實現投資組合的再平衡。

第四節　動若脫兔

股市下跌就像台灣七月的颱風那樣平常，如果你有準備，它並不能傷害你。下跌正是好機會，因為可以去撿那些慌忙逃離風暴的投資者丟下的廉價貨。巴菲特對股市下跌總是抱著欣賞的態度，因為，這正是他開始有大動作的最好時機。

當然，谷底總是預示著股市新一輪的反彈，如果你行動不夠迅速，谷底的優勢會被隨之而來的搶購化為泡影。所以此時一定要動若脫兔，以迅雷不及掩耳之勢迅速地行動。

首先，動作要迅速。

有時候不是眼光和知識的問題，僅僅是行動不夠敏捷就會讓你成為股市的犧牲者，其實，從另一個角度來看，這也是股市的魅力所在。

巴菲特曾經說過，投資股票並不需要過人的智慧和特殊的才能，所以這也是吸引眾多股票投資人的原因，即使你的知識和智慧並不很高，但投資股票同樣可以賺錢。

其次，機會難得。

要「押大賭注於高機率事件上」，這也是巴菲特的一貫做法。股市的機會並不總是隨時都來光顧你，一旦把握住了一次良機，就不應該浪費，要押大賭注於高機率事件上，也就是說，當你堅信遇到了可望而不可及的大好機會時，唯一正確的做法是大舉投資。

目前，伯克希爾公司投資的公司市場價值達四百億美元，其中僅美國運通、可口可樂、吉列、穆迪，以及金融公司富國銀行這五項投資所獲得的市場價值就佔到了七六%。可見，巴菲特的投資重點十分突出，從來不放過好的機會。

請永遠記住：

知音難覓，好股難尋。只有耐心細緻地觀察，迅速淩厲地出手，才能做到屢戰屢勝、百戰不殆；只要收手和出手都能時間到位、恰到好處，在任何情況下就都能勝人一籌。

Gold Edition Warren Buffett 9

忠告九

運籌帷幄中，決勝千里外

伯克希爾的總裁們都是管理藝術的天才，他們像經營自己的產業一樣用心經營伯克希爾。我的工作是別擋著他們的路，別妨礙他們的工作，只是等著去分享他們所賺回來的收入。這是一件十分愉快的事。

■巴菲特

自巴菲特開始掌管伯克希爾公司以來，公司的業績突飛猛進，一路高歌，從最初的區區幾萬資產到今天的上千億資產，使得巴菲特被譽為最成功的投資管理大師。

伯克希爾最初還只是一家破破爛爛的紡織工廠，而今天，它已經發展成一家具有深遠影響的投資控股公司，在《財富》五百強中，它的帳面價值連續多年名列前茅。伯克希爾集團已發展成為集銀行、基金、保險業、傳媒多行業的大型集團，擁有像可口可樂、美國運通、吉列、迪士尼、時代·華納、中石油等大型企業的股票。掌門人巴菲特的個人資產也從開始的幾十萬美元成長到今天的四百多億美元，成為僅次於比爾·蓋茲的世界富豪，這樣的業績並不是憑藉巴菲特的運氣，而是與巴菲特獨特的投資藝術和管理藝術分不開的。

伯克希爾公司總部位於奧馬哈，是一個不為人所知的偏僻的美國小鎮，但是由於伯克希爾公司的存在，它現已成為美國令人矚目的重鎮，深居多位美國富豪，而這些富豪都出自伯克希爾公司。

伯克希爾僅居十四層樓的一半，至今總部也只有十五名工作人員，卻輕鬆地掌控著上千億美元資產的大投資集團，並且保持了一連多年的高速增長。這些都源於巴菲特的運籌帷幄、決勝千里的管理才能。

他為人和藹可親，樂善好施；深居簡出，不善交際；生活儉樸，處事冷靜……

他，眼光犀利，智慧過人，經驗老練，是一個神秘的人……

在他的精心管理下，伯克希爾公司的淨資產從一九六四年的二千二百八十八．七萬美元，增長到二〇〇一年的一千六百二十億美元，股價從每股七美元一路上漲到九萬多美元，投資回報率比標準．普爾五百指數的回報率平均高出一一．六%。在給股東的信中，巴菲特曾用很大的篇幅講述了伯克希爾的管理團隊，意在顯示其團體智慧的力量。今年七十四歲的巴菲特很自豪的說道：「教小狗學會老狗的本領不是一件很容易的事。」

巴菲特的成功源於他的投資和管理思想，正如比爾．蓋茲在微軟鼎盛時選擇卸去日常管理事務，轉而去作更多的思考，因此，引領微軟成功的不是比爾．蓋茲的軟體編寫能力，而是他高瞻遠矚的思想。

第一節　知人善任，老馬識途

每一位投資大師，都有自己的管理哲學。投資大師巴菲特，喜歡簡樸的處世之道，儘量規避複雜，保持簡單。除了擁有對企業的非凡的洞查能力，巴菲特的用人手段也是非常地高明，在二〇〇三年三月份公佈的伯克希爾公司年報中，他用很直白的語言，表述了自己的管理哲學：「自己怎樣揮舞棒球並不重要，重要的是場上有人能將棒球揮動得恰到好處。」

漢高祖劉邦的用人謀略，可謂典範。項羽因戰起家，劉邦上馬不能征戰，下馬不能撫民，卻最終取得天下。異常驍勇，卻不善戰，為何統一中原？箇中原由劉邦最為清楚：「夫運籌帷幄之中，決勝於千里之外，吾不如子房；鎮國家，撫百姓，給饋餉，吾不如蕭何；連百萬之軍，戰必勝，攻必取，吾不如韓信。此三傑，皆人傑也，能用之，皆吾所以取天下也。項羽有一范曾而不能用，此其所以為我擒也。」劉邦善於用才，因而坐上了皇帝的寶座。而項羽徒一勇夫，不善用才，只能失敗。

孫子說：「故善戰者，求之於勢，不責於人，故能擇人而任勢。」有的人有治亂的本領，有的人有守城的專長，有的人有大刀闊斧的魄力，有的人有潤物細無聲的功力。不同的人適合不同的崗位，不同的崗位需要不同的人，關鍵是合適，只有把合適的人放在合適的崗位上，才能發揮其最大的作用。如同在投資時慧眼識珠一樣，巴菲特同樣善於用人。

巴菲特一直都在演義著劉邦的傳奇，知人善任。作為在股市上經年累月馳騁的老手，他深知經驗在股市投資上的重要性，因此他領導的團隊中已經有六個總裁超過了七十五歲，「我希望再過四年後，至少增加到八個」，巴菲特自豪地說。這可能源於巴菲特對「老馬識途」的理解吧？

老馬識途

當眾多企業追求管理者年輕化的時候，巴菲特卻與眾不同，堅持任用一幫七十多歲的老頭，一如他在別人大肆投資網路科技股時卻按兵不動，在別人一直認為美元升值時卻大賭美元貶值，緣何？其實，巴老憑藉的就是經營管理的獨特性。無論是什麼行業的經營管理，說到底都是琢磨人。左右大局的，不是什麼管理技巧，而是一種價值判斷，一種人們內心是與非的取捨和因與果的邏輯。價值判斷大多不是外力灌輸的，而必須是感同身受的東西。許多事情，經歷不到，就體會不到。巴菲特很自豪，他領導的團隊已經有六個總裁超過七十五歲，再過四年後，至少增加到八個。他確信，「老狗」

比「小狗」有更多智慧的力量。

巴菲特在信中說到：「我們擁有一個出色的團隊，他們中的許多人並非出於經濟上的需要而工作，我們現在已經有六位年齡超過七十五歲的經理，我希望在未來四年裏這一數字至少會增加到八位。」

巴菲特這種相信「有經驗的老傢伙」的做法，確實值得我們思考。

根據巴菲特的經驗之談，「有經驗的老傢伙」是不可替代的。此外，老傢伙們也沒有後顧之憂，「他們中的許多人並非出於經濟上的需要而工作」，所以他們敢說真話、敢做敢為、甚至頂撞領導者。其中尤以「敢說真話」最為重要。

經驗就是價值

巴菲特曾經說過：經驗應該是世界上最值錢的東西，也是別人無法搶走的最重要的個人財富。正是由於經驗的重要性，巴菲特才留住了這些堪稱古董級別的管理者，正是他們的存在，才使伯克希爾這艘投資航空母艦穩如泰山，不至於在股海裏風雨飄零，顛沛流離。

巴菲特善於選擇最恰當的人進場揮棒，而同時以敏銳的目光，獨到的市場感覺，使他更能把握企業運作的情勢，進而把棒球交給最優秀的棒球選手，任其自由揮棒創造佳績。他審時度勢，根據股市投資行業的特點，逆管理團隊年輕化的潮流，明智地選擇了這樣的「老團隊」。這並非他為吸引目光而有意為之，而是市場的需要、利益的驅使。

當然，巴菲特也並未排斥新手。在他的企業裏，雖然有「老馬識途」，但是員工本身不可能都當董事，所以，他同時也主張，任何人只要做有用的事情，總會有相應的報酬。正因為存在著「新手」與「老手」的區別，所以在一個企業裏，對於新的管理者與新的員工，最好的報酬其實就是「經驗」。

巴菲特很自豪，他領導的團隊已經有六個總裁超過七十五歲，再過四年後，至少增加到八個。他確信，「老狗」比「小狗」有更多智慧的力量。

第二節　置身其中，有效激勵

激勵機制可謂管理重點中的重點，只有存在一個完善的激勵機制，員工才會一心一意滿腔熱情地工作，否則，有效的團隊工作就是空談。巴菲特自己成為富翁的同時並沒有忘記身邊的人，奧馬哈培養了眾多的億萬富翁，百萬富翁更是不可勝數。

巴菲特曾說：「查理（伯克希爾公司副董事長）和我實際上只有兩項工作，一是合理有效地配置資產，另外就是吸引並留住才華橫溢的經理來管理我們各種各樣的業務。」對巴菲特來說做成這件事情並不困難。一般來說，伯克希爾所收購的公司的經理們，已經在他們原來的公司裏展露了自己的才能；另外，伯克希爾的業績舉世矚目，這也足以留住他們，讓他們一心一意地為伯克希爾效勞。巴菲特說：「如果我的工作是管理一支高爾夫球隊，而且尼克勞斯（世界最有成就的美國職業高爾夫球選手）願意為我打球，那麼他不會從我這裏得到關於如何揮桿的指導。」

重要的是巴菲特能讓他們一直留在伯克希爾，把伯克希爾完全當成自己的事業來經營，「我們的許多經理原本就很富有，但這並不妨礙他們繼續致富。他們會因為熱愛這個公司而去工作，會喜歡自己所做的一切，並品嘗成功所帶來的喜悅。他們永遠像所有者那樣思考，而且他們會發現公司的各個方面都引人入勝，令人留戀。」

「把企業當作自己的企業來經營」與巴菲特的投資理念驚人地相通，巴菲特提倡股市投資應該把所投資的企業當成自己的企業來看待，只有這樣，投資者才能徹底地去瞭解這家企業，才能精心地照顧這家企業。

巴菲特深知人們只有對自己的東西才會精心倍至，所以採取了這樣的管理方式，巴菲特的管理方式使得伯克希爾的經理人能夠處於最佳的工作狀態。

巴菲特是這樣做的：首先，伯克希爾取消了通常與CEO相伴的儀式性和與經營毫無無關的一系列活動，讓經理人能夠完全支配自己的時間，按照自己的需要來自由安排；其次巴菲特希望他們按照以下三種假設來管理公司：

一、他擁有公司一〇〇%的權益。

二、他本人及其家人的唯一財產就是這家公司。

三、他在一百年內不會將公司出售或與人合併。

這無疑讓管理者們與公司融於一體，如果他們與公司成為「同一條線上的螞蚱」，那麼他們會怎麼做呢？伯克希爾輝煌的業績使其管理者有所依靠，並把自己的未來全部押在上面，與公司「榮辱與共」就成了一種必然，一種生存的需要。

只有公司的輝煌，才能有自己的輝煌，這就是巴菲特的本意。

他們會因為熱愛這個公司而去工作，會喜歡自己所做的一切，並品嘗成功所帶來的喜悅。他們永遠像所有者那樣思考，而且他們會發現公司的各個方面都引人入勝，令人留戀。

第三節 注重細節，潤物無聲

除了對管理團隊的人性化管理以外，巴菲特也從沒有忘記伯克希爾的全體股東。巴菲特投資企業的一條重要原則，就是企業的管理層始終把股東的利益放在第一位，所以巴菲特對自己的股東也是身體力行，始終把股東的權益放在重要的位置。除了努力使公司的股價保持連續增長以外，對股東的「噓寒問暖」也是展現了巴菲特對股東無微不至的關心。

自一九七〇年巴菲特開始擔任董事長兼首席執行長以來，他每年都給股東們寫一封信，被股東們奉為「聖經」。給股東寫信很容易，也算不上什麼大不了的事，但如果能堅持三十多年，並且每次都是親自執筆，那可就大不相同了。巴菲特就做到了這一點，每年都要給全體股東們寫一封信，來詳細報告本年度伯克希爾的運行情況，從公司的營利到公司的不足，一一列舉，並深度檢討自己在本年度做得不夠好的地方。

股東們每年都不約而同地收到總部來的信，而且大家都盼望著這個時刻的到來，這封信把伯克希爾的股東和總部緊密地聯繫起來，在看信的同時，股東覺得自己和伯克希爾已經不能分開了。

巴菲特總是忘不了身體力行地去影響身邊的工作人員，以行動來教育管理他們，這樣的做法令工作人員收穫不小，而且又避免了尷尬的局面。

八〇年代的一天，巴菲特如同往常一樣乘電梯到十四樓的辦公室，身邊跟著公司的工作人員。兩人閒談中，巴菲特突然彎腰從地上撿起了一個小東西，巴菲特展現給工作人員看時，原來是一枚硬幣，連工作人員都沒有發現，或者即使發現了可能他也懶得去撿，而這位世界級富豪卻毫不猶豫地撿了起來，隨後巴菲特引用了一句諺語「錢能生錢」。

曾經有報導說比爾·蓋茲為了節省時間都不去理會掉在地上的幾萬美元的支票，而巴菲特卻鄭重地撿起一枚硬幣，看起來似乎不可理喻，但巴菲特賺錢靠的就是本金，而蓋茲靠得是技術。畢竟這是個教育員工的好機會，巴菲特豈能輕易放過。本金的重要性不言而喻，注意保本是巴菲特的投資原則，即使一分錢也不應虧損，股市投資就應該是這樣。

另外，值得一提的是，巴菲特還親自寫信給消費者，推薦自己控股公司的產品。巴菲特曾經寫信向消費者推薦「CEICO」（政府雇員保險公司）的保險產品，稱該公司可以向消費者以比任何競爭者都低廉的價格提供保險服務，同時還極力推薦旗下的珠寶商「BORSHEIE」的珠寶首飾，此外，他也沒有忘記推薦網上商店「BHLN」。

巴菲特作為一個巨型投資集團的董事長，親自推薦公司的產品的做法似乎並不多見。相信消費者看到這樣的消息，即使價格不像巴老說的那麼低也會去買的，因為他們熟悉巴菲特、喜歡巴菲特。

第四節 放手施為，野馬無韁

巴菲特說：「伯克希爾的總裁們是管理藝術的天才，而且他們像經營自己的產業一樣用心經營伯克希爾。我的工作是別擋著他們的路，別妨礙他們的工作，然後就等著去分享他們所賺回來的收入。這是一件十分愉快的事。」

巴菲特平時看上去十分嚴肅，給人一種威懾的感覺，但是他開闊的心胸、明智的管理又讓你感到他十分和藹可親，對於公司管理者，巴菲特的做法是放手施為。

在伯克希爾工作的經理都是十分優秀的，伯克希爾為他們做的就是提供良好的工作條件，為他們提供一個大的展示舞臺，任由他們去發揮，這樣的發展空間在多數大的公司是不存在的，巴菲特卻充分地給予了他們。

巴菲特有其鮮明的個人特點。閒暇時，巴菲特常常像普通人一樣穿著運動褲和運動衫，並且喜歡吃漢堡和薯條，平時喜愛打橋牌和彈琴，這些都沒有什麼特別之處。但他的語言表達力極強，而且生動活潑，不乏幽默，更值得稱讚的是，他從來不把話說死，這是一個十分值得學習的地方。這樣員工就有足夠的空間和他討論，巴菲特也有機會與他們進行交流，聽取年輕人的高見。

伯克希爾的員工就是在這樣的環境下進行工作的，沒有束縛和不適的感覺，有足夠的發展空間，有十足的動力，同時也有足夠的樂趣。

這樣的管理方式使得巴菲特有足夠的時間來照顧自己，已經七十四歲的他依然十分健康，這與他的管理方式是分不開的。平時，伯克希爾的許多方面，在離開巴菲特的情況下仍能正常而有效的運作。

儘管巴菲特是一個親力親為的投資者，他會非常謹慎地選擇公司與股票，但是他並不是一個親力親為的管理者。

巴菲特的風格是，把出色的管理人員放到合適的位置上，或是在購買公司時保留那些出色的管理人員，然後，他就讓他們放手施為，而不是從他那出了名的精簡的公司總部進行過多的干涉和干預。

附錄：巴菲特語錄

有人說巴菲特的話就是金科玉律，對此也許別人會嗤之以鼻。但是，只要你參透了哪怕其中的一句話，並遵之循之，那麼它就有可能給你帶來巨大的財富，使你享受今生。

相馬篇

我們現在不去，過去也不曾，將來也不會對未來一年的股市、利率或產業環境有一丁點的看法。我們從未想到要對股市未來的走勢說三道四。

以「CEICO」為例，乃至於我們所做出的一切的投資，我們看重的是公司的營業表現，而不是其股價的表現。如果我們對公司營業的預料是正確的，那麼市場終將還它一個公道。

在購併奎恩乳品公司時，巴菲特說到：「我們把錢擺在吃得到的地方。」

一九八五年在結束伯克希爾紡織部門的營運時，巴菲特解釋道：「一匹能數到十的馬是隻了不起的馬，但卻不是了不起的數學家；同樣，一家能夠合理配置資金的紡織公司，是一家了不起的紡織公司，但卻不是什麼了不起的企業。」

許多人盲目投資，從某方面來說等於是通宵玩牌，但卻從未曾看清自己手中的牌是什麼點數。

恩師葛拉漢曾說：「短期來看市場是個投票機器，但長期來看卻是個體重計。」

巴菲特說：「可口可樂與吉列刮鬍刀是世界上最優秀的兩家公司。」

香煙是一個相當理想的行業，因為它的製造成本只要一分錢，但售價卻高達一塊錢，而且消費者會上癮，而且他們的忠誠度非常地高，最重要的是他們後繼有人。

有的企業有又寬又深的護城河，裏頭還有兇猛的鱷魚、海盜與鯊魚守護著——這種公司才是你應該投資的理想選擇。

我們喜歡想像伯克希爾就像商業圈的大都會美術館那樣，能夠吸引最偉大的傑作。

四十五年前，我看到了大量的機會，雖有想法卻愁沒有錢，今天我有了大量錢卻發現機會盡失。

不投資科技股絕不是迷信不迷信的問題。

我對宏偉的預言一竅不通，值得慶幸的是，當我做出經濟預期時根本不用理會它們。我們只注重重要的和可知的事情，然而匯率和利率卻是無法預測的，因此，當我們挑選目標企業時，我們從來不去談論那些所謂的宏大的定論。

我想我不會去投資黃金，因為我看不出將這種金屬從南非的地底挖出，再把它放到福克斯堡的金庫裏有何意義。

馭馬篇

一般來說，共同基金的管理費用是百分之一點二五，值得驕傲的是，我們則只有萬分之五。

在一九九六年的公司年報中，巴菲特說自己正在研究可口可樂公司一百年前的年報（一八九六年），而那時的可口可樂剛剛問世約十年。當時的總裁坎德勒說道：「大約從今年三月一日開始……我們聘僱了十名與辦公室有系統聯繫的旅行銷售員，這樣我們就幾乎覆蓋了整個合眾國的領土。」雖然那一年可口可樂的銷售額才十四．八萬美元，而一九九六年已高達大約三十二億美元，但是，巴菲特對當時領導人的雄心與努力仍是欽佩不已。

在伯克希爾我們不用去告訴一個打擊率四成的選手如何揮棒。

巴菲特說在他四十多年的投資生涯中，僅靠十二個投資決策，就造就了他今日與眾不同的地位。

巴菲特將恩師葛拉漢「以低價買進某公司的股票，待公司出現轉機後在高價賣出的方法」，稱為「煙屁股投資法」。

巴菲特說：「恩師葛拉漢在《聰明的投資人》一書的結語中說到，最聰明的投資方式就是——把自己當成公司的老闆。這句話是有史以來有關投資理財的最重要的一句話。」

因為我把自己當成是企業的經營者，所以我成為更優秀的投資人；而因為我把自己當成是投資人，所以我成為更優秀的企業經營者。

你能對一條魚解釋在陸地上行走的滋味嗎？在陸地上生活一天的真實感覺，勝過以言語解釋它一千年，而躬體力行去經營企業也是如此。

我和我喜歡的人一起工作，世界上沒有任何一種工作比經營伯克希爾更有趣了。

人們習慣於把每天短線進出股市的投機客稱為投資人，就像他們把不斷發生一夜情的愛情騙子當成浪漫情人一樣。

有人質疑巴菲特的投資策略只是運氣好而已，他用一個有關機率的故事回答他們：「一群豬共有十二萬八千隻，分別來自全世界，各農場舉行丟銅板比賽，投出正面的晉級，投出反面的淘汰，經過九回合後，只剩下二百五十隻豬晉級，有人認為那二百五十隻豬隻是運氣好而已」。

巴菲特接著又說：「如果你發現晉級的二百五十隻豬有二百隻全是某農場來的，那你就必須問：那個農場餵豬的飼料有沒有特別之處？」

沒有公式能判定股票的真正價值，唯一的方法是徹底瞭解這家公司。

買股票時，應該假設從明天開始股市要休市三—五年。

想要在股市從事波段操作是神做的事，不是人做的事。

投資的秘訣在於，看到別人貪心時要感到害怕，看到別人害怕時要變得貪心。

放手讓虧損持續擴大，這幾乎是所有投資人可能犯下的最大虧損。

放馬篇

該出手時就出手。

有時行動比謹慎更重要。

我們偏愛的持股期限是永遠。

在股市投資中，何時買進和賣出的時機把握比買賣何種股票都重要。

如果連原本不太注意股票投資的人都進股市了，就表示可動用的資金差不多都進股市了，緊接著就是後繼乏力，再沒有資金可推升股價，股市必跌。

當人們對一些大環境事件的憂慮達到最高點時，事實上也就是我們做成交易的時機。恐懼是追趕潮流者的大敵，卻是注重基本面的財經分析者的密友。

巴菲特在一九八五年結束伯克希爾紡織部門營運時，曾解釋道：「我們不會因為要將企業的獲利數字增加一個百分點，便終止比較不賺錢的交易；但是，與此同時我們也覺得，只因公司非常賺錢便無條件地支持一項完全不具前景的投資的做法不太妥當。亞當．斯密一定不贊同我的第一個看法，而卡爾．馬克斯卻又會反對我第二個的見解，所以，採取中庸之道是惟一能讓我感到安心的做法。」

養馬篇

有生之年我都會繼續經營伯克希爾，之後我可能會透過降神會繼續工作。

風險來自你不知道自己正在做什麼。

儘管我們的組織註冊為公司，但我們是以合夥人的心態來經營它的。

對於購併所需資金，伯克希爾隨時作好萬全準備，巴菲特說：「如果你想要打中罕見且移動迅速的大象，那麼你應該隨時把槍帶在身上。」

巴菲特說：「如果你給我一千億美金要我把可口可樂打倒，即使我的心可能會很痛，我還是會將錢原封不動地退還。」

信譽可能需要花一輩子的時間才能建立，但只要五分鐘便足以摧毀之。

如果你沒有打算持有一支股票十年以上，那麼你也就別想著持有它十分鐘。

巴菲特堅決反對股票分割配股，他甚至半開玩笑地在朋友的生日賀卡上寫到：「祝你活到伯克希爾分割股票之時。」

巴菲特非常讚賞奧美廣告創辦人的管理哲學：「如果我們聘僱一批比我們矮小的人，那麼總有一天我們也會變成一堆侏儒；但相反的是，如果我們聘僱一些比我們高大的人，那麼我們終將變成一群巨人。」

成功講座360

巴菲特給青年的9個忠告

海鴿文化出版圖書有限公司
Seadove Publishing Company Ltd.

作者　郭硯靈
美術構成　騾賴耙工作室
封面設計　斐類設計工作室
發行人　羅清維
企畫執行　林義傑、張緯倫
責任行政　陳淑貞

出版　海鴿文化出版圖書有限公司
出版登記　行政院新聞局局版北市業字第780號
發行部　台北市信義區林口街54-4號1樓
電話　02-27273008
傳真　02-27270603
e - mail　seadove.book@msa.hinet.net

總經銷　創智文化有限公司
住址　新北市土城區忠承路89號6樓
電話　02-22683489
傳真　02-22696560
網址　www.booknews.com.tw

香港總經銷　和平圖書有限公司
住址　香港柴灣嘉業街12號百樂門大廈17樓
電話　（852）2804-6687
傳真　（852）2804-6409

出版日期　2020年05月01日　四版一刷
　　　　　2021年06月15日　四版五刷
定價　320元
郵政劃撥　18989626戶名：海鴿文化出版圖書有限公司

國家圖書館出版品預行編目資料

巴菲特給青年的九個忠告／郭硯靈著--四版，
--臺北市： 海鴿文化，2020.05
面； 公分. －－（成功講座；360）
ISBN 978-986-392-312-1（平裝）

1. 投資

563.5　109004683

Seadove

Seadove

Seadove

Seadove